VERSAILLES

IMPRIMERIE CERF ET FILS

59, RUE DUPLESSIS

RECHERCHES

SUR

LES ROUTES ANCIENNES

DANS LE

DÉPARTEMENT DE SEINE-ET-OISE

PAR

A. DUTILLEUX

AUXILIAIRE DE LA COMMISSION DE LA GÉOGRAPHIE HISTORIQUE DE L'ANCIENNE FRANCE
OFFICIER D'ACADÉMIE

ACCOMPAGNÉES D'UNE CARTE DE CES VOIES DE COMMUNICATION

ET SUIVIES

1º d'une Note sur l'emplacement de Petromantalum	2º d'Observations sur les communications entre Paris à Dreux, par Diodurum
PAR M. MERCIER OFFICIER D'ACADÉMIE	PAR M. ÉGRET CONDUCTEUR DES PONTS-ET-CHAUSSÉES

VERSAILLES

IMPRIMERIE ET LIBRAIRIE CERF ET FILS

59, RUE DUPLESSIS, PLACE HOCHE, 13

1881

RECHERCHES
SUR
LES ROUTES ANCIENNES
DANS LE
DÉPARTEMENT DE SEINE-ET-OISE

PAR

A. DUTILLEUX

AUXILIAIRE DE LA COMMISSION DE LA GÉOGRAPHIE HISTORIQUE DE L'ANCIENNE FRANCE
OFFICIER D'ACADÉMIE

ACCOMPAGNÉES D'UNE CARTE DE CES VOIES DE COMMUNICATION

ET SUIVIES

1º d'une Note sur l'emplacement de Petromantalum	2º d'Observations sur les communications entre Paris à Dreux, par Diodurum
Par M. MERCIER OFFICIER D'ACADÉMIE	Par M. ÉGRET CONDUCTEUR DES PONTS-ET-CHAUSSÉES

VERSAILLES
IMPRIMERIE ET LIBRAIRIE CERF ET FILS
59, RUE DUPLESSIS, PLACE HOCHE, 13

1881

RECHERCHES

sur

LES ROUTES ANCIENNES

DANS LE DÉPARTEMENT DE SEINE-ET-OISE

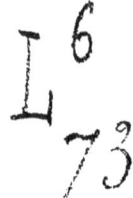

A Monsieur Dubois, Agent-voyer en chef du département de Seine-et-Oise, Chevalier de la Légion d'honneur.

Mon cher Monsieur Dubois,

En plaçant sous vos auspices le travail que va publier cette année l'*Annuaire de Seine-et-Oise* sur les voies anciennes du département, je ne fais qu'acquitter une dette contractée, il y a longtemps déjà, lorsque, en 1874, vous voulûtes bien m'autoriser à demander le concours des Agents de votre service pour recueillir les observations qu'ils avaient pu être à même de faire sur ce sujet.

Ces documents me sont parvenus nombreux et intéressants; on en jugera en parcourant les pages qui vont suivre et dans lesquelles j'ai scrupuleusement mentionné les noms de mes collaborateurs. Depuis l'enquête ainsi ouverte sur tous les points du département, plusieurs années se sont écoulées, et comme toujours, elles ont amené des changements dans le personnel que vous dirigez et qui vous porte si justement une réelle affection : la plupart de vos auxiliaires sont montés en grade ; d'autres on pris honorablement leur retraite ; quelques-uns enfin sont morts au champ d'honneur dans l'exercice de leur devoir professionnel. Qu'il me soit permis de consacrer ici à ces derniers un souvenir de regret, et d'adresser aux autres, en la personne de leur digne chef, la sincère expression de mes remercîments.

Les informations prises sur les lieux mêmes m'ont servi à contrôler, et à rectifier parfois, les documents anciens et les recherches antérieures aux miennes. Je ne me le dissimule pas : bien des points sont restés obscurs, bien des lacunes subsistent et trop souvent j'ai été contraint d'émettre des conjectures au lieu de formuler, comme je l'aurais désiré, des assertions indiscutables.

Aussi serais-je heureux que le Service vicinal de Seine-et-Oise voulût bien poursuivre ses intelligentes investigations et me tenir au courant de toutes les découvertes qui seraient faites au sujet du parcours des routes anciennes, ainsi que relativement aux sépultures, aux armes, instruments, poteries, médailles, etc., à tout ce qui a trait en un mot à l'archéologie préhistorique, romaine, gallo-romaine ou du moyen-âge. Je recevrai avec reconnaissance toute information de cette nature concernant l'histoire ou la topographie du département.

Je suis bien éloigné en effet, de considérer le Mémoire qui va suivre comme une œuvre définitive. J'ai voulu simplement planter des jalons, poser quelques points de repère entre lesquels viendront se grouper successivement les résultats amenés par des études et des découvertes ultérieures.

Il reste encore, d'ailleurs, des sources précieuses à explorer ; indépendamment des textes d'archives rappelant le souvenir des anciennes voies je n'ai point encore pu consulter, d'une manière aussi approfondie que je l'eusse désiré, les documents cadastraux, si riches en indications de ce genre, ni les deux ou trois cents plans anciens de communes que renferment nos Archives départementales. La Commission instituée par M. le Ministre de l'Instruction publique pour la géographie historique de l'ancienne France m'a fait l'honneur de m'admettre récemment au nombre de ses auxiliaires. Ce titre me donnera plus librement accès dans les dépôts de la capitale. Déjà la Commission a singulièrement facilité ma tâche en me permettant, grâce à l'intervention du savant Conservateur du Musée national de Saint-Germain, M. Alexandre Bertrand, de prendre communication des minutes de la carte des Gaules, sur lesquelles ont été marquées les voies romaines dont le parcours a été nettement reconnu. Je dois également mentionner le concours empressé que j'ai rencontré auprès de M. Egret, conducteur des ponts et chaussées, lequel a fait depuis longtemps une étude toute spéciale de nos anciennes voies de communication.

Les personnes qui ont suivi la publication des Annuaires de Seine-et-Oise pendant ces dix dernières années, ont pu remarquer que, dans les notices que j'y ai fait insérer, je me suis attaché à donner un certain développement à la géographie historique du département. Dans l'*Annuaire de 1874* je publiais personnellement la « *Topographie historique du diocèse de Versailles* », envisagée au point de vue des anciens diocèses qui ont servi à constituer cette circonscription ecclésiastique ; — en 1878, avec la collaboration de M. Guégan, je faisais paraître une notice sur les « *Monuments mégalithiques et les instruments de l'âge de la pierre polie et de la pierre taillée* » dans le département de Seine-et-Oise ; — notre collègue à la Société des sciences morales, M. Mercier a donné dans l'Annuaire de 1875 un intéressant mémoire sur les « *Divisions administratives, judiciaires et financières sous l'ancien régime* ». Je livre cette année au public mes recherches sur les peuplades gauloises et les chemins les plus anciens du département. Enfin, je compte terminer d'ici à un an ou deux une notice sur les *Pagi* gallo-romains et mérovingiens ; cette notice complétera un ensemble devant présenter, je l'espère, une certaine utilité pour les personnes qu'intéresse notre histoire locale.

Tel est le plan que je me suis tracé il y a longtemps déjà et que je poursuivrai avec persévérance, soutenu par la bienveillance et les encouragements qui ne m'ont point fait défaut jusqu'ici et sur lesquels j'ose également compter pour l'avenir.

Je termine, mon cher Monsieur Dubois, en vous priant d'agréer pour vous en particulier et pour tous les Fonctionnaires du Service vicinal, la cordiale assurance de mes sentiments d'estime et de considération.

A. DUTILLEUX.

RECHERCHES

SUR

LES ROUTES ANCIENNES

DANS LE DÉPARTEMENT DE SEINE-ET-OISE

CHAPITRE PREMIER

Des peuples gaulois qui habitaient la contrée aujourd'hui comprise dans le département de Seine-et-Oise.

I. Anciennes divisions de la Gaule.

César, au commencement de ses « Commentaires » ou Mémoires sur la guerre des Gaules (Liv. I. Chap. Ier), nous apprend que, de son temps, toute la Gaule était divisée en trois parties dont l'une était habitée par les Belges, d'origine germanique, l'autre par les Aquitains, qui se rapprochaient par leur idiôme et leur figure des Ibères, habitants de l'Espagne, la troisième par les Gaulois, « qui, dans leur langue, se nommaient Celtes ».

Polybe, au contraire de César, ne confondait point les Celtes et les Galates (ou Gaulois). Les Celtes sont pour lui, comme pour les Grecs de son temps, les antiques populations sédentaires de l'Italie supérieure. — Les Galates sont des tribus plus guerrières, d'origine plus récente, dont le trait principal était d'avoir pris Rome avec l'aide des Celtes. Telles sont également les conclusions posées par M. Al. Bertrand, Directeur du Musée national de Saint-Germain, dans une série de Mémoires insérés par lui dans la *Revue archéologique*, et réunis ensuite en un volume publié chez Didier en 1876.

Les nations qui habitaient la Gaule différaient entre elles par le langage, les mœurs et les institutions. Les Gaulois étaient séparés des Aquitains par la Garonne, des Belges par la Marne et la Seine. « Les Belges, ajoute César, sont les plus braves de tous ces peuples ; étrangers aux mœurs élégantes et à la civilisation de la province romaine, ils ne reçoivent point du commerce extérieur ces produits du luxe qui contribuent à énerver le courage. D'ailleurs, voisins des peuples de la Germanie qui habitent au-delà du Rhin, ils sont continuellement en guerre avec eux. »

Chacune de ces trois races se subdivisait en plusieurs petits États indépendants, selon que les hommes se groupaient soit dans les villes bâties au bord des fleuves, soit dans les montagnes ou les forêts qui les mettaient à l'abri des invasions. Les uns se gouvernaient en république ; d'autres avaient un chef électif ; d'autres une royauté héréditaire ; quelques-uns se contentaient du gouvernement de leurs prêtres ou de l'autorité patriarcale. Cependant le besoin de la défense commune les amenait parfois à former une association générale. (Ozaneaux, *Hist. de France*, T. I, p. 32).

La Gaule, vaincue par César et noyée dans des flots de sang, devint province romaine 50 ans avant J.-C. — 23 ans plus tard, l'empereur Auguste, étant à Narbonne, fit faire un dénombrement général des Gaulois ; ce fut alors qu'il divisa la Gaule en quatre provinces : la Belgique, comprenant tout le nord, du Rhin à la Somme ; la Lyonnaise, représentant à peu près l'ancienne Celtique, et s'étendant depuis l'extrémité du Finistère jusqu'aux sources du Rhin, sa limite au sud étant toujours la Loire ; l'Aquitaine, comprise entre la Loire et les Pyrénées ; et la Narbonnaise, dont les limites suivaient la lisière des Cévennes, traversaient la vallée du Rhône au-dessous de Lyon et s'arrêtaient aux Alpes, la mer la bornant au midi. Lyon fut, à cette époque, la capitale de la Gaule, la résidence des gouverneurs et le point d'où partaient les grandes voies militaires qui aboutissaient au Rhin, à l'Océan et aux Pyrénées.

Cette division avait surtout pour objet d'anéantir les anciennes ligues, les différences de race et les souvenirs de l'indépendance. Elle subsista avec quelques modifications (sous Probus sept provinces, douze sous Dioclétien, quatorze sous Valentinien), jusqu'au IVe siècle, époque à laquelle l'empereur Gratien divisa « la

Préfecture des Gaules » en dix-sept provinces, savoir : la Germanie 1re, capitale Mayence ; la Germanie 2e, cap. Cologne ; la Belgique 1re, cap. Trèves ; la Belgique 2e, cap. Reims ; la Lyonnaise 1re, cap. Lyon ; la Lyonnaise 2e, cap. Rouen ; la Lyonnaise 3e, cap. Tours ; la Lyonnaise 4e, cap. Sens ; la grande Sequanaise, cap. Besançon ; l'Aquitaine 1re, cap. Bourges ; l'Aquitaine 2e, cap. Bordeaux ; la Novempopulanie, cap. Auch. ; la Narbonnaise 1re, cap. Narbonne ; la Narbonnaise 2e, cap. Aix ; la Viennoise, cap. Vienne ; les Alpes-Maritimes, cap. Embrun ; les Alpes Grées et Pennines, cap. Moustier en Tarentaise.

Notre contrée appartenait, en vertu de cette division, à la Lyonnaise 4e.

II. Tribus gauloises dans le département de Seine-et-Oise.

On vient de voir que les trois grandes nations de la Gaule, et en particulier les Celtes ou Gaulois, renfermaient dans leur sein une foule de petites peuplades qui ne se rattachaient entre elles que par le lien de la fédération. M. Th. Lavallée n'en compte pas moins d'une centaine dans le tableau des principales divisions politiques de la Gaule, qu'il a donné à la page 103 de sa *Géographie physique, historique et militaire*. Après l'introduction du Christianisme, les pays occupés par ces diverses peuplades ont constitué, pour la plupart, des diocèses épiscopaux, et c'est dans les limites de ces diocèses, tels qu'ils existaient avant la Révolution, que l'on peut, en général, reconnaître les circonscriptions des *pagi* de la Gaule primitive (1).

Les *Senones*, les *Carnutes*, les *Veliocasses*, les *Bellovaci*, les *Silvanectes*, les *Meldi* et principalement les *Parisii*, occupaient, les uns en totalité, les autres en partie, la région dans laquelle est compris aujourd'hui le département de Seine-et-Oise.

Les Senones, avec leur capitale *Agedincum* ou *Agendicum* (Sens), confinaient vers le nord-ouest aux *Parisii*; *Melodunum*, Melun, devait être, de ce côté, leur dernier *oppidum*, situé, comme Lutèce, dans une île de la Seine ; du côté du midi, du sud-ouest

---

(1) Voir à ce sujet notre « Topographie ecclésiastique du département de Seine-et-Oise » et la carte qui l'accompagne. — Versailles, imp. Cerf et Fils, 1874, et *Annuaire* de la même année.

et de l'ouest, les *Lingones*, les *Ædui*, les *Bituriges-Cubi* et les *Carnutes* étaient, au temps de César, limitrophes de la *Civitas Senonum*. — La plus grande partie de l'arrondissement actuel d'Etampes est empruntée au pays des *Senones*.

La *Civitas* des Carnutes occupait la région que l'on appelait, avant la division en départements, le pays Chartrain et tout l'Orléanais. Son immense étendue avait fait donner au moyen-âge le nom de « grand diocèse » à la circonscription ecclésiastique qui avait succédé à cette vaste *Civitas* gallo-romaine, dont le territoire, dans l'opinion des anciens Gaulois, passait pour le centre de toute la Gaule, et renfermait les lieux consacrés où les Druides s'assemblaient à des époques fixes (1). Les villes principales étaient : *Autricum*, Chartres, *Durocasses*, Dreux, *Genabum*, Orléans. — Toute la région ouest de notre département faisait partie de la *Civitas Carnutum*, c'est-à-dire le sud de l'arrondissement de Mantes, le canton de Meulan pour partie, ceux de Poissy, Saint-Germain, dans l'arrondissement de Versailles, et tout l'arrondissement de Rambouillet.

Les Veliocasses habitaient une large bande de territoire parallèle à la Seine ; leur capitale était *Rotomagus*, Rouen, et leurs villes principales *Ritumagus*, Radepont et *Uggade*, Pont de l'arche ou Caudebec ; ils avaient pour frontière, au sud et au sud-ouest, la Seine qui les séparait des *Aulerci-Eburovices*, pays d'Evreux, et des *Carnutes* ; au nord-ouest ils confinaient aux *Caletes*, pays de Caux ; au nord aux *Bellovaci*, habitants du Beauvaisis ; à l'est, l'Oise les séparait des *Parisii*. — Le pays des *Veliocasses* a cédé à Seine-et-Oise la fraction de son territoire appelée plus tard « le Vexin français » assis aujourd'hui sur les deux arrondissements de Mantes et de Pontoise.

Les Bellovaci, peuplade belge la plus voisine de notre contrée, étaient établis au nord des *Veliocasses* et des *Parisii* ; ils avaient les *Ambiani*, Amiénois, et les *Veromandui*, Vermandois, au nord ; les *Suessiones*, Soissonnois, et les *Silvanectes*, Senlissois, à l'est. « Nous n'avons à signaler chez eux avant César, dit M. Ernest

---

(1) César, Bel. gall. VI, 13. « *Certo anni tempore in finibus Carnutum, quæ regio totius Galliæ media habetur, considunt in loco consecrato.* »

Desjardins (1), que l'oppidum de *Bratuspantium*, lieu de refuge où se fortifiaient les habitants du pays, avec leurs familles, leurs troupeaux et tout ce qu'ils pouvaient emporter. Cet *oppidum* ne fut pas le chef-lieu ultérieur de la cité dont *Cæsaromagus*, Beauvais, devint plus tard le centre. » Notre département actuel a emprunté au pays des Bellovaques une petite partie des cantons de Marines, de l'Isle-Adam et de Luzarches.

Les SILVANECTES, également dans le *Belgium*, devaient avoir une origine fort ancienne, bien qu'ils ne soient mentionnés ni dans Strabon ni dans César. Ce sont, d'après M. E. Desjardins, les *Ulmanectes* (pour *Silvanectes*) de Pline. Le chef-lieu de ce petit peuple était le *Augustomagus*, Senlis, des Itinéraires. Les *Silvanectes* avaient pour voisins au nord et à l'ouest les *Bellovaci*, au nord-est les *Suessiones*, ou plutôt les *Vadicasses*, Valois, au sud et au sud-est les *Parisii* et les *Meldi*, habitants du pays de Meaux. Cette tribu n'a donné au département de Seine-et-Oise qu'une commune ou deux du canton de Luzarches.

Les MELDI n'ont rien abandonné à notre département ; mais ils en touchaient l'extrême limite à l'est. Ce peuple avait pour capitale *Ialinum* ou *Fixtuinum*, Meaux, et possédait encore deux autres villes marquées sur les itinéraires, savoir *Calagum*, Chailly, et *Riobe*, Orbi d'après d'Anville. Les *Meldi* étaient entourés au nord par les *Silvanectes*, les *Vadicasses* et les *Suessiones* ; à l'est par les *Tricasses*, pays de Troyes ; au sud par les *Senones*, et à l'ouest par les *Parisii*.

Cette dernière peuplade, les PARISII, auxquels nous arrivons enfin, occupaient, indépendamment de Paris et du département de la Seine, une moitié environ de notre département, dans les limites duquel ils étaient presque complètement renfermés.

Situés à l'extrême frontière qui séparait la Celtique du Belgium, ils avaient pour voisins au nord les *Veliocasses*, les *Bellovaci* et les *Silvanectes*, à l'est les *Meldi*, au sud-est les *Senones* et à l'ouest les *Carnutes*. La partie nord-est de l'arrondissement de Pontoise, les cantons d'Argenteuil, de Marly (pour partie), de Versailles, de Sèvres et de Palaiseau, ceux de Chevreuse et de Limours, tout l'arrondissement de Corbeil et la fraction supé-

---

(1) Géographie de la Gaule romaine. T. II, Paris, 1878.

rieure de celui d'Etampes étaient compris dans le pays des *Parisii*, qui ne possédaient dans ces temps reculés qu'une seule localité un peu importante, un *oppidum* appelé *Lutetia*, Lutèce ou Paris, primitivement contenu dans cette île de la Seine qui a retenu jusqu'à nos jours le nom de « la cité. » Paris, ou plutôt Lutèce ne s'agrandit considérablement sur la rive gauche de la Seine que bien des années après la conquête ; ce nouveau quartier, cette ville nouvelle, fut appelé *Lucotocia*, du nom de la montagne (*Mons Lucotocius*, aujourd'hui montagne Sainte-Geneviève), sur le versant de laquelle s'étaient assises les habitations gallo-romaines. L'empereur Julien réunit *Lucotocia* à la Cité par des constructions considérables dont on voit encore les restes superbes dans les dépendances du musée de Cluny.

Cependant Lutèce avait déjà du temps de César assez de notoriété pour que le conquérant des Gaules ait cru devoir y transférer, en l'an 53 av. J.-C., le Conseil des peuples de la Gaule. Les huttes misérables qui constituaient cette première cité furent d'ailleurs brûlées l'année suivante, par ordre du chef gaulois Camulogène, lorsque Labiénus, lieutenant de César, voulut s'en emparer. Nous reviendrons plus loin sur ce premier siège de Paris et les conséquences qu'on en peut tirer pour l'étude des voies anciennes.

III. Aspect général du pays. — Voies gauloises.

La contrée que nous habitons était à cette époque, comme de nos jours, arrosée par plusieurs cours d'eau importants, et traversée du sud-est au nord-ouest par la Seine, *Sequana*, qui, avec son affluent la Marne, *Matrona* ou *Materna*, séparait, d'après César, les *Galli* ou *Celtes* des peuples *Belges*. A quelque distance de Lutèce la Seine recevait les eaux de l'Oise, *Isara* ou *OEsia*, qui servait de limites entre les *Parisii* et les *Veliocasses*. Ces deux affluents coulaient sur la rive droite de la Seine ; sur la rive gauche ce fleuve absorbait successivement les eaux de l'Essonne, *Essona* ou *Exona*, de l'Orge, *Orbia*, de la Bièvre, *Beveris* et, en aval de Paris, celles de la Mauldre, *Mandra*.

Des forêts très étendues couvraient les espaces qu'arrosaient ces cours d'eau et les monts qui en délimitaient les bassins ; Lutèce, en particulier, se trouvait entourée par les derniers triages de l'Ardenne, *Silva Arduenna* dans César. La forêt du *Rouveret*, aujourd'hui le bois de Boulogne, et la *Silva Vilcenia,* le bois de Vincennes, en sont les seuls vestiges actuellement subsistant ; à l'est s'étendaient les bois des *Meldi, Saltus Briegius, Nemus Ardanum,* dont la forêt de Fontainebleau et la forêt de Senart représentent les débris ; au sud et à l'ouest se développaient les immenses espaces couverts par les bois presque ininterrompus du Sénonais et du pays Chartrain, ces derniers longtemps conservés sous le nom de « forêt d'Yveline ou Yveline, » *Sylva Equilina,* qui occupait presque tout le territoire compris entre Dourdan et Poissy d'une part, Chartres et Versailles de l'autre.

Dans une région arrosée par des cours d'eau aussi nombreux et dirigés dans tous les sens, les rivières « ces chemins qui marchent, » durent être les premières voies de communication entre les tribus ; c'est, en effet, le long ou à proximité des rivières que se rencontrent principalement les monuments mégalithiques que les âges nous ont conservés, et les objets d'industrie primitive ayant appartenu aux premiers habitants (1).

Cependant nous admettrons, avec M. Achenbach (2), qu'au moment où César entreprit la conquête de la Gaule, cette contrée, quoique peu avancée en civilisation, au moins en comparaison des Romains, devait déjà être pourvue de voies de communication terrestres ; « en remarquant, en effet, avec quelle promptitude les divers peuples de ce pays communiquaient entre eux, et en combien peu de temps ils formaient ces alliances qui opposèrent aux Romains des armées formidables, en tenant compte aussi des démarches successives que devait nécessiter le règlement des conditions de ces alliances, on admettra sans peine l'existence de ces voies qui, dans un pays couvert de forêts immenses et de nombreux marais, devaient être indispensables. »

« Les Commentaires de César, dit d'autre part M. Renet de Belloguet (3), nous montrent que les routes gauloises étaient nombreuses et pouvaient suffire, dans toutes les directions, aux mouvements des troupes en campagne... Quant à leurs ponts, s'il n'en est resté aucun vestige, c'est qu'ils n'étaient, pensons-nous, construits qu'en bois, et c'était assurément, pour des Barbares,

---

(1) Voir le Mémoire que nous avons publié dans l'*Annuaire* de 1876, en collaboration avec M. Guégan, sur les monuments mégalithiques et les objets de l'âge de la pierre dans Seine-et-Oise.
(2) « Recherches sur le camp de Nucourt et l'emplacement de Petromantalum, » par M. Achenbach, Magny-en-Vexin, 1879.
(3) Ethnogénie gauloise, III, p. 492.

une œuvre déjà savante et hardie que d'en jeter de pareils sur des fleuves aussi considérables que la Somme, la Seine, l'Oise, etc. »

Un autre maître autorisé, M. de Saulcy, dit également dans son beau livre, malheureusement inachevé, des « Campagnes de César dans les Gaules », que « l'on s'est plu à dire et à croire que nos ancêtres les Gaulois étaient, avant la venue des Romains, de vrais Peaux-Rouges, ayant l'habitude de se rendre d'un point à un autre de leur pays, à travers marécages et forêts, en cheminant comme ils pouvaient, sans routes, sans ponts et au hasard. Cette appréciation est complètement erronée, et il suffit de relire César pour acquérir la conviction que routes et ponts ne manquaient pas... »

Toutefois, il nous paraîtrait bien téméraire de chercher à reconstituer le tracé de ces voies primitives dans une région qui, située comme la nôtre aux abords d'une grande cité, a vu tant de causes diverses modifier et transformer le régime de sa viabilité. Il ne nous semble pas douteux, d'ailleurs, qu'une nation essentiellement pratique comme la race romaine, ait su tirer parti de ces chemins gaulois, partout où il s'en est rencontré et que ses ingénieurs se soient servis de ces travaux rudimentaires pour y asseoir leurs admirables chaussées en blocage et parfois pavées. Tous les pouvoirs qui se sont succédé ont dû agir de même; ce qui rend si difficile la recherche des voies anciennes dans notre pays, c'est précisément ce système presque toujours suivi, et avec juste raison, de mettre à profit les chemins déjà ouverts, en les recouvrant de couches successives qui en ont modifié la structure et transformé le caractère.

On peut donc admettre en principe que les Romains, s'étant rendus maîtres de la Gaule, établirent sur la plupart des chemins existants avant eux des chaussées destinées à relier entre elles les principales villes et les forteresses ou stations militaires. Nous ne nous attarderons pas à rechercher les traces plus ou moins hypothétiques des voies gauloises, et nous ne nous occuperons que des chemins construits par les Romains, ou du moins sous l'influence romaine.

Ajoutons que la Gaule ne fut traversée complètement par des voies romaines qu'à partir du règne d'Auguste. Agrippa continua son œuvre et de Lyon, capitale de la Province, partirent quatre voies principales, dont deux allaient aboutir à l'Océan, au Sud et au Nord de la Gaule ; une troisième se rattachait au Rhin et une quatrième à la Méditerranée. Strabon, liv. 3, indique nettement ces voies romaines que l'on trouve plus tard marquées sur les Itinéraires. « Lyon, dit-il, est situé comme une forteresse au centre de la Gaule ; là est le confluent des fleuves, et elle est à proximité des autres contrées de ce pays. Aussi Agrippa en fit-il le point de départ des voies romaines ; l'une traversant les Cévenes et les montagnes d'Auvergne, va jusqu'en Aquitaine ; une autre vers le Rhin ; une troisième se dirige vers l'Océan, en traversant le pays des Bellovaques et des Ambiani ; la quatrième conduit jusque dans la Narbonnaise, aux côtes de Marseille. » Les successeurs d'Auguste n'eurent qu'à entretenir ces voies romaines et à y ajouter des embranchements. (Voy. Chéruel, Dict. des institutions de la France. II. p. 1265.)

IV. Les Tables et Itinéraires anciens.

L'examen auquel MM. les Agents du Service vicinal ont bien voulu, à notre demande, procéder dans leur circonscription respective, servira de base à notre travail ; cet examen nous permettra de contrôler les documents que nous ont laissés les Anciens, ainsi que les recherches auxquelles se sont livrés les érudits modernes sur ces questions qui ont donné lieu à tant de controverses.

Je crois utile, avant d'entrer en matière, de dire quelques mots de ces documents anciens qui sont, si on peut s'exprimer ainsi, les titres primordiaux de nos grandes voies de communication.

On rencontre dans différents auteurs grecs ou romains, Hérodote, Strabon, Polybe, Tite-Live et surtout César, des indications précieuses sur la géographie de la Gaule antérieurement à la conquête romaine ; mais d'autres monuments plus récents donnent des informations plus ou moins nettes sur les anciens chemins de cette vaste contrée. On consulte utilement à ce sujet les tableaux ou catalogues connus sous les noms d'Itinéraire d'Antonin, de Notices des provinces et des cités de la Gaule, de Notice des dignités de l'Empire, et surtout la Table de Peutinger.

Pour interpréter convenablement ces divers documents, il faut se rappeler que deux mesures itinéraires étaient usitées dans la Gaule sous la domination romaine. Le *Mille romain*, composé de 1000 pas, égal à 756 toises ou 1481 mètres 50 centim. — et la *Lieue gauloise*, de 1500 pas romains, égale à 1134 toises ou 2222 mètres 50 centim.; trois milles romains équivalant par conséquent à deux lieues gauloises (1). — A partir de la Saône, dit M. de Caumont dans son Abécédaire d'archéologie, on ne comptait plus par milles, mais par lieues ; la lieue gauloise était désignée tantôt sous le nom de *Lieue*, tantôt sous celui de *Mille*; souvent, en effet, le mot *Millia* n'indique pas des milles romains, mais des lieues gauloises, lorsqu'il s'applique à la partie des Gaules où cette mesure était usitée. »

La Table de Peutinger et les Itinéraires ne sont pas toujours d'accord entre eux quant à l'évaluation de la distance d'un point à un autre, parfois même cette évaluation, dans ces divers documents, n'est pas conforme à la réalité ; ces divergences peuvent être attribuées à des erreurs de la part des copistes du Moyen-Age, ou bien à ce que nous ne nous rendons pas suffisamment compte des difficultés topographiques qui allongeaient la route, ou bien encore à ce que nous ne connaissons pas le point précis où était placée la borne milliaire à partir de laquelle commençait la supputation des distances.

TABLE OU CARTE DE PEUTINGER appelée aussi TABLE THÉODOSIENNE. — C'est un itinéraire figuré, une sorte de carte géographique sur laquelle on voit le tracé des routes, le cours des fleuves et la position assez arbitraire des villes. Son nom vient de ce que le seul manuscrit que l'on connaisse a appartenu, au XVIe siècle, à un érudit d'Augsbourg nommé Conrad Peutinger.

Il consiste en une grande carte de 21 pieds de long sur 4 pieds de hauteur, peinte sur douze feuilles de parchemin dont une, qui contenait l'Espagne et le Portugal, a été perdue.

Pour faire comprendre le système adopté dans la confection de cette carte, Bergier (Histoire des grands chemins de l'Empire romain), la compare à un arbre dont les branches, au lieu de s'élever perpendiculairement, ont été épanouies, couchées et fixées sur la terre, de manière à ne pouvoir s'étendre qu'en ligne horizontale.

Quelques érudits estiment que la Table de Peutinger est une

---

(1) Cette évaluation des mesures itinéraires anciennes est adoptée par la Commission de la carte des Gaules, et inscrite, comme telle, sur un tableau placé dans l'une des salles du Musée national de Saint-Germain.

édition revue et corrigée de celle qu'Agrippa avait fait peindre dans le portique de son palais; quoi qu'il en soit, le prototype du manuscrit parvenu jusqu'à nous ne saurait remonter au delà du III° siècle, et quant à l'exemplaire qui a appartenu à Conrad Peutinger, la forme des lettres accuse la fin du XII° siècle ou le commencement du XIII°. Cet exemplaire fut vendu en 1714 à un libraire par Ignace Peutinger, doyen de l'Eglise d'Elwang. Revendue en 1720 au Prince Eugène pour la somme de cent ducats, elle fut déposée après sa mort dans la Bibliothèque impériale de Vienne, où elle se trouve encore aujourd'hui. M. Ern. Desjardins en a donné chez Hachette, en 1869, une nouvelle et magnifique édition en un volume in-f° accompagné de fac-simile reproduits par l'héliogravure.

La Table de Peutinger mentionne plus de villes et de stations que l'Itinéraire d'Antonin; celui-ci, cependant, indique des localités qui ne se trouvent pas sur la Table; l'un et l'autre sont donc également précieux et se prêtent mutuellement un utile concours.

L'ITINÉRAIRE D'ANTONIN peut se comparer à un livre de poste; il se compose d'une série de tableaux indiquant le nom des villes ou stations par lesquelles on devait passer pour aller de certains points principaux à d'autres plus ou moins éloignés; ils donnent également la distance comprise entre les localités intermédiaires.

L'époque à laquelle il fut composé paraît devoir être rapportée à la deuxième moitié du IV° siècle; il ne peut, malgré sa désignation, être attribué à aucun des Antonins; toutefois, il a pu être précédé d'une rédaction antérieure qui le reporterait à une époque plus reculée.

La meilleure édition est celle qu'en a donnée Wesseling en 1735.

NOTICE DES DIGNITÉS DE L'EMPIRE. — Sorte d'almanach impérial, indiquant les hautes fonctions de l'Etat dans l'ordre civil et dans l'ordre militaire, la résidence des fonctionnaires, leurs attributions, les corps de troupes qui tenaient garnison dans les différentes contrées, les fabriques d'armes, les arsenaux, les hôtels des monnaies, etc.

Elle doit avoir été rédigée sous Honorius, qui régna de 395 à 425.

Notice des provinces et des cités de la Gaule. — Ce document paraît dater à peu près de la même époque que la « Notice des dignités. » Il indique, dans chaque province la métropole et les villes capitales ; les métropoles sont devenues des archevêchés et les villes capitales ont formé des évêchés suffragants : la hiérarchie ecclésiastique s'est greffée sur celle de l'administration romaine ; le rang des évêchés entre eux était encore, au xviiie siècle celui qu'indique la « Notice des Gaules. »

M. B. Guérard a reproduit le texte de la « Notice des Gaules » dans son « Essai sur les divisions territoriales de la Gaule », 1832.

Quelques autres documents, beaucoup plus récents il est vrai, peuvent servir à l'étude des voies anciennes ; nous citerons l'itinéraire publié vers 1550 par Charles Estienne sous le titre de « La guide des chemins de France » et réimprimé dans l'ouvrage de M. E. Vignon « Etudes sur l'administration des voies publiques en France, » Paris 1862, 3 vol. in-8°; — la « Carte des Postes » dressée en 1632 par le Sr N. Sanson, d'Abbeville; — celle de 1738, que nous citons souvent, etc. — Les listes du xvie, du commencement du xviie siècle, déterminent la direction des routes existant avant les grands travaux de viabilité entrepris sous Louis XIV, et si toutes ces routes ne sont pas des voies romaines, on ne peut contester du moins qu'elles ne remontent à une époque déjà fort éloignée ; ces listes peuvent, en tout cas, servir utilement à la recherche du tracé des voies romaines, lorsque d'autres données, qui sont plus spécialement du ressort de l'archéologie, viennent corroborer ces premières indications.

CHAPITRE II.

Voies anciennes dans Seine-et-Oise.

Nous passons maintenant à l'étude de chacune des voies anciennes qui sillonnaient notre département.

Pour mettre plus d'ordre dans ce travail, nous supposerons ces routes rayonnant de Paris comme centre et nous commencerons par celles qui sont indiquées dans les « Itinéraires » ou tracés sur la « Table de Peutinger. »

Sur la carte jointe à cette Notice, ces voies sont marquées par un fort trait rouge; les autres par un trait léger. Les lacunes ou les parties encore indéterminées sont indiquées par une suite de traits ou de points.

SECTION PREMIÈRE

Voies des Itinéraires ou de la Table.

§§ I et II.

ROUTE DE PARIS A ROUEN ET A BEAUVAIS PAR PONTOISE ET PETROMANTALUM

Nota. — Dans tous les tableaux qui vont suivre, les distances sont exprimées en lieues gauloises.

| TABLE DE PEUTINGER || DISTANCES RÉELLES | ITINÉRAIRE D'ANTONIN || IDENTIFICATIONS |
STATIONS	Chiffres du document		Chiffres du document	STATIONS	
Lutcci				Lutetia	Paris.
Bruusara	XV	15	XV	Briva Isaræ	Pontoise.
Petrumviaco	XV	14	XIV	Petromantalum (1).	Saint-Gervais.
Ritumagus	XII	16	XVI	Ritumagus	Radepont.
Ratumagus	VIII	9	IX	Rotomagus	Rouen.
		17	XVII	Cœsaromagus	Beauvais.

(1) Embranchement de Petromantalum sur Beauvais.

Suivant l'opinion commune, la voie romaine, partant du centre de la cité, traversait la Seine en face de l'emplacement actuel de la place du Châtelet, gagnait la rue Saint-Denis qu'elle suivait dans toute sa longueur et se dirigeait en ligne droite sur la ville de Saint-Denis, l'antique *Catulliacum*; de là elle bifurquait à gauche vers les Provinces Maritimes et Beauvais, un peu à droite vers Amiens, Senlis et les Provinces Belges.

Cependant M. Jollois, ingénieur en chef de la ville de Paris (1), croit devoir conclure de la découverte faite en 1836 d'un cimetière gallo-romain entre la rue Blanche et la rue de Clichy, que la voie romaine vers Rouen et Beauvais quittait Paris immédiatement vers l'ouest; « elle devait, dit-il, partir du Grand Pont, aujourd'hui le Pont au change, passer sur l'emplacement de l'église Saint-Eustache, et à peu de distance de la rue Coquillière, traverser la rue Vivienne, celle des Filles-Saint-Thomas, le Boulevard, longer la Chaussée d'Antin et suivre la rue de Clichy jusqu'à la barrière de ce nom (2), pour se rendre de là à Saint-Denis par la route départementale actuelle de Paris à Saint-Ouen, jusqu'à Saint-Denis de l'Estrée, ou Saint-Denis du Grand-Chemin. Il existe à peu de distance et au-delà de cette dernière commune, de même qu'après Pontoise, sur une grande étendue, des vestiges

---

(1) « Mémoire sur les antiquités romaines et gallo-romaines de Paris » dans les Mémoires de l'Académie des inscriptions, 2ᵉ série. T. I, 1843.

(2) M. Jollois, à partir de la barrière de Clichy, indique encore comme possible un autre parcours par Asnières, Argenteuil, Sannois et Ermont, d'où la voie regagnait la ligne entre Saint-Denis et Pontoise. L'origine de ces communes et en particulier de celle d'Argenteuil est fort ancienne; dans cette dernière localité on a, à diverses époques, rencontré des antiquités de toute nature; le chemin entre Argenteuil et Ermont ou Eaubonne semble remonter à une époque très reculée.

incontestables d'une voie romaine parfaitement conservée, et qui est marquée sous le nom de « Chaussée de Jules César » sur la carte du Dépôt de la Guerre. Nous avons reconnu avec soin ses vestiges depuis Ermont jusqu'à Pontoise, sur une longueur de 13 kilomètres, et au-delà de Pontoise, sur une étendue aussi considérable. Depuis Ermont jusqu'à Pontoise, la route est en ligne droite, et cette direction se continue au-delà de Pontoise, ce qui est tout à fait le caractère d'une voie romaine. »

Ne quittons pas les parages de Saint-Denis sans dire un mot d'un Mémoire publié dans la « Revue Archéologique » (année 1862), par M. L. Fallue, sous le titre de « Notes sur quelques fortifications antiques de la vallée de Montmorency. » L'auteur avance que depuis Eaubonne, la vallée de Montmorency était autrefois divisée en deux parties par des terrains marécageux et par un cours d'eau qui se jette dans la Seine au dessous de la Briche ; qu'une voie romaine, appelée encore aujourd'hui « Chaussée de César, » venant des environs de Pontoise, passait par Pierre-Laye, dont le nom dérive de Pierre-Levée, rappelant soit un monument mégalithique, soit la borne milliaire qui existait peut-être en ce lieu ; que cette voie traversait la vallée de Montmorency au dessus de l'étang d'Eaubonne, d'où elle s'est confondue avec la route plus moderne de Saint-Denis ; enfin, qu'une autre voie, dite « le Chemin de la Reine, » et venant d'Argenteuil, coupait la pointe des monts de Sannois, pour gagner le village actuel d'Epinay.

Suivant M. L. Fallue, ces divers passages ont été défendus, à une époque qu'il ne saurait préciser, mais qu'il considère comme fort ancienne, d'abord par un retranchement portant encore le nom de « la barre de Deuil ; » plus près de Saint-Denis, par une autre défense plus forte encore ; appelée « la Briche. » (Brèche ou Bretèche : ces mots signifiaient au moyen-âge un passage défendu par des ouvrages en maçonnerie) ; entre ces deux défenses avancées se trouvait, vers Montmorency, un camp retranché ; enfin, entre Argenteuil et Saint-Denis, en suivant le bord de la Seine, se voyaient deux tours fortifiées, l'une sur « le Chemin de la Reine, » appelée « la tour du Catelier » (de *Castellum*, château-fort), l'autre encore marquée sur la carte de Cassini, sous le nom de « Donjon d'Epinay. » On voit avec quel soin les obstacles avaient été accumulés en vue de protéger les abords de Paris contre les ennemis qui pouvaient s'approcher soit du Nord, soit des provinces maritimes. D'autres barrages servant de défenses se rencontrent sur les routes de la Picardie et du Senlissois, notamment en avant de Pierrefitte.

Passons maintenant aux indications que nous donnent les Agents-voyers de Seine-et-Oise.

M. Daligand, agent-voyer du canton de Montmorency, ne rencontre la voie romaine qu'à l'extrême limite de la commune d'Eaubonne, à peu de distance de l'étang actuel d'Enghien. « Au-delà, dit-il, du côté de Paris, il n'y a plus de traces visibles de la voie ancienne ; en cet endroit, elle a une largeur de 3 mètres ; peu après, elle forme limite entre Eaubonne et Ermont, et n'est plus alors qu'une sente de 2 mètres ; mais, à partir de cet endroit, elle acquiert une largeur de 10 à 12 mètres. » Suivant une ligne absolument droite, elle traverse les territoires d'Ermont, sert de limites entre les communes de Franconville et du Plessis-Bouchard ; elle sépare le canton d'Argenteuil de celui de Montmorency en délimitant, à travers les bois, les communes de Cormeilles-en-Parisis et de Taverny.

La voie passe ensuite dans le canton de Pontoise, traverse le territoire de Pierrelaye, sert de délimitation entre Eragny et Saint-Ouen-l'Aumône, coupe à l'extrémité de la première de ces deux communes le chemin de fer et la route nationale de Paris à Rouen, et va toucher l'Oise en face de l'ancienne abbaye de Saint-Martin. Elle a été supprimée dans une partie de son parcours sur Saint-Ouen-l'Aumône et sur Pontoise, et aliénée aux propriétaires des parcs de Saint-Ouen et de Saint-Martin.

La plupart des érudits qui se sont occupés de la question n'hésitent pas à identifier le *Briva Isarœ* de la Table et de l'Itinéraire avec le Pontoise actuel. Toutefois, M. A. Le Prévost place cette localité antique à Beaumont-sur-Oise, et M. E. Gaillard à Auvers ; mais ces opinions isolées n'ont point été adoptées ; elles paraissent contredites par les textes et par les distances ; nous ne nous y arrêterons donc pas ; il nous suffit ici de les avoir mentionnées ; nous aurons d'ailleurs occasion d'y revenir en étudiant les voies de Beauvais à Paris.

La voie traversait-elle l'Oise sur un pont ou au moyen d'un gué ? La question est assez difficile à résoudre ; toutefois il paraît certain qu'il existait jadis un passage à gué un peu au-dessous de Pontoise, précisément dans le prolongement de la voie ; on sait que les Romains prenaient soin de faire passer leurs routes, à la rencontre des cours d'eau, sur des gués naturels ou factices ; ils avaient en vue de se ménager ainsi des communications toujours ouvertes, que la rupture d'un pont aurait pu, au contraire, interrompre ; il ne faut pas oublier que leurs grands chemins étaient avant tout des routes stratégiques ; quand un gué naturel n'existait pas, là où ils en avaient besoin, ils savaient en créer de factices au moyen de blocs de pierres ou de madriers immergés ; il y a quelques années, en opérant des dragages vers l'endroit probable où la voie franchissait l'Oise, on a trouvé dans le lit de la rivière de nombreuses pièces de bois qui ont pu servir à cet usage ou à la construction d'un pont.

La « Société historique du Vexin », de fondation récente, ne pouvait manquer de porter son attention sur cette route, qui présente un si haut intérêt pour la région que la Société s'est donné pour mission d'explorer. Les envahissements dont cette voie est chaque jour l'objet de la part des riverains, ont provoqué des plaintes qui se sont traduites dans un rapport verbal présenté par M. l'abbé Grimot lors de la séance du 13 février 1879. Ce rapport constate que la chaussée, bien certainement romaine, est une *pierrée* faite avec beaucoup de soin. M. Thomas dit que la Grande-Rue de Pierrelaye s'appelle « rue de Jules César », et qu'un peu au-dessus, du côté de Taverny vers Beauchamp, la voie existe toujours. Elle est un peu déviée et est devenue une route carrossable ; mais les paysans, en creusant des fossés à asperges, ont retrouvé l'ancien blocage. Ce détail prouve que la chaussée avait été pavée, au moins sur une partie de son parcours. M. Thomas ajoute que la chaussée est évidemment antérieure à la division des propriétés ; on s'en rend compte en compulsant le cadastre, ou en la suivant sur le sol, par ce fait que nulle part on ne trouve de pièce de terre traversée par la chaussée ; toutes y aboutissent perpendiculairement. M. l'abbé Grimot pense que cette voie est antérieure aux Romains et d'origine gauloise. Il ajoute qu'en examinant un tronçon de la chaussée, à Puiseux, il a relevé sur sa route un grès très intéressant, présentant la forme et les caractères d'un polissoir.

La Société a nommé une commission composée de MM. Lefèvre, François, Potiquet, Tavet et Thomas, pour étudier le tracé de la chaussée romaine depuis Pontoise jusqu'à Magny. (Extr. du 2ᵉ vol. des *Mémoires de la Société historique du Vexin.* — 1880.)

Nous ajouterons aux observations présentées par M. Thomas que la chaussée sert fréquemment de limites entre les communes situées sur son parcours, ce qui démontre également qu'elle est antérieure à la constitution d'un certain nombre d'anciennes paroisses. Nous retrouverons ce caractère si frappant des voies antiques sur la plupart des routes qui font l'objet de ce Mémoire.

De même, M. Réaux, dans son *Histoire de Meulan*, rappelle que la voie romaine formait autrefois la séparation des châtellenies de Meullent et de Chaumont en Vexin ; il en est fait mention dans les lettres d'apanage que le roi Philippe le Bel accorda à son frère Louis, comte d'Evreux, au mois d'octobre 1298 ; au titre « la Prévosté de Meullent », on lit : « Item les griages de la chastellenie de Meullent... jusqu'à la rivière d'Eyse (Oise), et d'illec, venant le long de l'ancienne chauciée qui est dite « la chauciée Julien César », jusques dehors Tillay. »

M. Noël, agent-voyer du canton de Pontoise, nous a fait connaître que, dans ce canton, la voie romaine est actuellement à l'état de chemin rural, sauf dans la partie comprise entre Pierrelaye et Taverny, dans laquelle elle a été classée comme chemin vicinal. La largeur moyenne actuelle est de cinq à six mètres. Sur certains points de son parcours on remarque qu'elle a été remblayée de telle sorte qu'elle domine le sol des terrains environnants ; on rencontre alors une sorte de chaussée en grosses pierres posées à plat. Cette voie porte encore dans le canton le nom de « chaussée de Jules César ».

Après la traversée de l'Oise, passant au milieu de l'enclos où fut l'abbaye de Saint-Martin, la voie coupe de nouveau, avant de quitter le territoire de Pontoise, la route nationale de Paris à Rouen, puis elle sépare pendant quelque temps les communes de Cergy et d'Osny, traverse le territoire de cette dernière localité, et abandonne le canton de Pontoise après avoir délimité les communes de Puiseux et de Boissy-l'Aillerie.

Au sortir du canton de Pontoise, la voie romaine traverse en ligne droite la commune de Courcelles-sur-Viosne, longe les murs du parc d'Ableiges, passe sur les territoires de Us, Le Perchay, sert de démarcation entre Théméricourt, Le Perchay, Gouzangrez, Guiry et Commeny, passe au milieu du hameau de Tilley, dépendance de Cléry, et arrive dans le canton de Magny. M. Bonnefille père, agent-voyer du canton de Marines, indique qu'il résulte des fouilles faites de 1837 à 1840, sur les territoires du Perchay et de Commeny, que la « chaussée de Jules César » présente une largeur de sept mètres à sa base qui est composée d'un rang de pierres posées de champ de chaque côté et de grosses pierres posées à plat au milieu, recouvertes d'un lit de crayon, ensuite d'un lit de pierres de moyenne grosseur, également recouvertes de crayon, et ainsi de suite sur environ un mètre d'épaisseur.

Un peu au nord de la voie, à 4 kilomètres environ, on signale l'existence d'un camp romain sur le territoire de la commune de Nucourt (1); il est situé sur la rive droite de la vallée qui s'étend de Nucourt à Magny et que sillonne le chemin de fer d'intérêt local de Chars à Magny. L'ancien périmètre du camp est encore apparent ; on y remarque des chemins ou sentiers conduisant aux sources abondantes existant au pied du plateau sur lequel le camp était assis; il est indiqué sur la carte de Cassini, mais ne figure pas sur celle de l'Etat-major. A diverses reprises, on a trouvé aux alentours des antiquités et des tombes en pierre en forme d'auges.

Parvenue dans le canton de Magny, la voie romaine, toujours reconnaissable, parcourt le territoire d'Arthieul, passe tout près de Magny en un lieu dit « les Boves », puis traverse le hameau d'Estrées, dont le nom indique la situation sur une route ancienne, et arrive toujours en ligne droite à Saint-Gervais.

C'est dans cette dernière localité que nous croyons devoir placer le *Petromantalum*, de l'Itinéraire d'Antonin, et le *Petrum viaco,* de la Table de Peutinger, dont la situation a tant exercé la sagacité des érudits et des géographes.

En premier lieu, les distances marquées dans ces deux documents se rapportent assez exactement à la situation de Saint-Gervais ; d'autre part, le commencement du nom, *Petro*mantalum ou *Petrum*viaco, indique un territoire où la pierre était abondante, et, pour ainsi dire, à fleur du sol ; tel est encore le caractère de ce pays; la carte de Cassini porte, à très peu de distance du centre du village, un lieu dit « la Carrière »; le nom gallo-romain aura vraisemblablement disparu vers le Ve siècle, époque à laquelle un assez grand nombre d'églises furent placées sous l'invocation de saint Gervais.

L'identification à laquelle nous nous sommes arrêté est également admise par M. E. Desjardins dans son édition de la Table de Peutinger, et par la Commission de la carte des Gaules. Tou-

---

(1) Voir la brochure publiée sur ce sujet par M. Achenbach. — Magny, 1879.

tefois, bien des opinions différentes se sont produites : d'Anville place Petromantalum à Banthelu, en raison d'une certaine analogie de nom, mais les distances ne concordent pas et d'ailleurs Banthelu n'est pas absolument sur la ligne directe de la route; Ukert et Lapie le placent à Magny, qui avait en effet autrefois une certaine importance, était défendu par des fortifications plusieurs fois reconstruites, et dans l'enceinte duquel on a rencontré de nombreuses antiquités et des sépultures gallo-romaines ; Valois, contre toute vraisemblance l'identifie avec Mantes; Walkenaer distingue *Petromantalum*, qu'il place à Etrepagny, de *Petrumviaco* qu'il retrouve à Saint-Clair-sur-Epte; cette opinion peut se soutenir non sans quelque vraisemblance.

L'abbé Belley a inséré dans le tome XIX (1753), des « Mémoires de l'Académie des Inscriptions et Belles-Lettres », une notice fort bien faite sur la voie romaine qui conduisait de l'embouchure de la Seine à Paris. « Les distances anciennes comparées aux distances réelles portent, dit-il, *Petromantalum* vers Magny...... si l'on s'attache scrupuleusement aux nombres de l'Itinéraire, le *Petromantalum* sera placé à Magnitot, distant de Magny de 15 à 1,600 toises (*Tot* en anglo-saxon signifie bâtiment ou masure). Ce lieu est exactement à seize lieues gauloises de Radepont (*Ritumagus*) et à 14 lieues de Pontoise (*Briva Isaræ*). Le *Petrumviaco* de la Table de Peutinger est le même lieu que le *Petromantalum* de l'Itinéraire d'Antonin, autrement il faudrait supposer que la voie romaine de Paris à Rouen et la voie de Beauvais, qui tombait sur celle de Rouen, auraient été l'une et l'autre doubles dans l'espace de quelques lieues, ce qui ne paraît pas probable. L'Itinéraire place *Petromantalum* à 17 lieues gauloises de *Cæsaromagus*, Beauvais, la distance convient à la situation de Magny. Si l'on corrige l'Itinéraire par la Table et qu'on lise *Petromaniacum*, il sera facile d'en tirer le nom de Magny; la première partie du nom *Petro* ayant été négligée par la suite des temps, il sera resté *Maniacum*, Magny, comme il est arrivé à plusieurs autres lieux anciens. La racine *Petro* pourrait bien être celtique (et dériver, ajouterions-nous, des nombreuses carrières dont le pays est sillonné). Le nom sous lequel la ville de Mantes est connue, il y a près de 800 ans, est *Medunta*, qui n'a aucun rapport avec celui de *Petromantalum*. Les distances itinéraires peuvent encore moins s'appliquer à la position de Mantes. Cette ville est à 34 lieues gauloises de Rouen et à 26 ou 27 de Beauvais, tandis que l'Itinéraire porte 25 lieues pour la première distance et 17 pour la seconde. D'ailleurs, peut-on croire que la grande voie de Beauvais à Paris serait descendue jusqu'à Mantes pour passer ensuite à *Briva-Isarœ*, Pontoise? »

M. Achenbach, dont nous avons déjà cité le Mémoire sur le camp de Nucourt, estime que *Petromantalum* était situé à proximité de cette station militaire romaine, qui avait en partie pour objet de protéger la route; M. Graves place ce point si controversé en un endroit appelé « la haie des gens d'armes », non loin du camp de Nucourt; MM. Aug. Le Prévost, Gaillard et Arm. Cassan le fixent à Arthieul.

Notre confrère à la Société académique de Versailles, M. Mercier père, a jeté un nouveau jour sur cette question si débattue dans une notice de peu d'étendue, mais très substantielle, qu'on nous saura gré, croyons-nous, de reproduire à la suite de notre travail.

Ajoutons que, d'après un autre de nos confrères, M. P. Guégan, on retrouverait à Saint-Gervais même, sous les fondations d'un moulin, les traces encore apparentes et paraît-il indiscutables, des deux routes romaines qui se croisaient en cet endroit.

Après avoir quitté le territoire de Saint-Gervais, la voie romaine se confond jusqu'à Saint-Clair-sur-Epte, avec la route nationale de Paris à Rouen; elle traverse les communes de la Chapelle-en-Vexin et de Buhy, entre lesquelles un champtier porte le nom de « la haute borne, » et arrive à Saint-Clair-sur-Epte où quittant momentanément la ligne droite, elle s'infléchit vers le sud-ouest pour aller rencontrer un gué existant anciennement sur la petite rivière qui sépare la Normandie du Vexin français; ce gué a été remplacé par un pont qui livre aujourd'hui passage à la route nationale. Ce n'est pas du reste le seul gué qui permettait autrefois de passer facilement de Normandie en France; on en signale encore un, un peu plus bas, à Coppières, hameau de la commune de Montreuil; on a retrouvé en ce dernier endroit, dans le lit de la rivière, un très grand nombre d'objets antiques.

Les découvertes d'antiquités romaines et gallo-romaines de toute nature ne sont pas rares, d'ailleurs, tout le long du parcours de la voie romaine que nous venons d'étudier; à Saint-Clair-sur-Epte, au hameau de « Beaujardin » dont l'origine, malgré son nom moderne, paraît fort reculée, on a rencontré des vestiges de bains romains avec leurs appareils de chauffage. (M. Feuilloley.) — Une tradition accréditée dans le pays prétend qu'un camp romain aurait existé à la rencontre des territoires de Montreuil-sur-Epte et d'Ambleville, sur une élévation de terrain située à 1,300 mètres de la voie romaine de Paris à Rouen. Cet endroit porte le nom de « Mont Terrier », dénomination que l'on voudrait faire venir de *Mons terribilis*. M. Cassan le considère comme un poste d'observation qui aurait été occupé par un détachement de la xie légion, campée à Vernonnet (Eure), sur les hauteurs qui dominent Vernon. Quoi qu'il en soit, on rencontre souvent au « Mont Terrier » des poteries, des tuiles, des médailles romaines et l'on distingue encore les lignes de retranchement. A peu près au même endroit, la carte de Cassini porte un petit édifice ainsi dénommé : « tour r[e] (ruinée) de Gerville. »

Ayant franchi l'Epte sur un gué, comme nous venons de le dire, la voie romaine reprenait à Auteverne (Eure), la ligne droite qu'elle n'abandonnait plus jusqu'à Ecouis et même Radepont, le *Ritumagus* de l'Itinéraire d'Antonin. De là elle se rendait à *Rotomagus*, Rouen, *Juliobona*, Lillebonne, et *Carocotinum*, Château-Crétin au territoire d'Harfleur.

Le tracé que nous avons suivi depuis Paris est le même que celui qui est adopté par la « Commission de la carte des Gaules »; il est encore apparent sur le terrain dans la plus grande partie de son parcours. Nous pouvons donc le considérer comme parfaitement déterminé et d'une certitude absolue. Nous n'aurons pas souvent, à notre grand regret, l'occasion de nous prononcer aussi affirmativement pour la plupart des autres lignes.

§ II.

EMBRANCHEMENT DE PETROMANTALUM A CŒSAROMAGUS.

L'extrait de l'Itinéraire d'Antonin, rapporté à la page 22, fait mention d'une route de *Cœsaromagus*, Beauvais, à Lutèce, s'embranchant sur la voie de Paris à Rouen.

Petromantalum, que nous croyons retrouver dans la localité appelée aujourd'hui Saint-Gervais, est situé à 17 lieues gauloises de Beauvais, chiffre porté en l'Itinéraire.

La voie traversait du sud au nord le territoire de Saint-Gervais et, après avoir quitté le département de Seine-et-Oise, passait non loin de « Mont-Javoult » (Oise), où l'on croit reconnaître un camp romain ; cet endroit, à l'altitude de 207 mètres, est l'un des points les plus élevés des environs de Paris dans un rayon de vingt lieues. On y a découvert de très nombreuses antiquités gallo-romaines ; Gilles-Corrozet. dans sa « Fleur des antiquités de Paris », prétendait y placer l'un des trois temples de Jupiter dans le Parisis.

La voie, après avoir franchi le Réveillon et la Troësne, se dirigeait à peu près en ligne droite sur Chaumont en Vexin, où existent également des traces irrécusables de l'occupation romaine, et de là gagnait Bachivilliers, le Mesnil-Theribus et enfin Beauvais.

Le tracé que nous indiquons est admis par la « Commission de la carte des Gaules ». Cependant telle n'est point, en ce qui concerne notre département, l'opinion exprimée par M. Graves dans son « Essai sur les voies romaines du département de l'Oise. » (Bulletin monumental 1840). D'après son sentiment, la voie inclinerait plus à l'est : après avoir passé à Lierville et Hadancourt-le-Haut-Clocher (Oise), elle pénètrerait dans Seine-et-Oise par Neucourt (Nucourt), où nous avons signalé la présence d'une station militaire romaine, passerait à Banthelu et aux environs d'Arthies ; les lignes de Rouen et de Beauvais se croiseraient au lieu dit « la haie des Gens d'armes », à un tiers de lieue au nord de Banthelu. « Peut-être, ajoute-t-il, Petromantalum ou Petrumviaco n'était-il qu'une colonne milliaire, comme semblent le penser MM. Le-Prévost et de Caumont. La route dont il s'agit est fort dégradée et a perdu dans presque tout son parcours sa largeur et l'exhaussement qui distinguent les voies romaines. »

M. Achenbach, dans sa notice sur le camp de Nucourt, ne paraît pas éloigné d'adopter les mêmes conclusions relativement au point de rencontre des deux voies romaines.

De son côté, M. Aug. Le Prévost, dans ses « Mémoires pour servir à l'histoire du département de l'Eure », après avoir rapporté l'opinion de M. Graves, dit que la voie de Beauvais à Paris, conduirait inévitablement vers Magny, de manière à ne pas permettre de placer ailleurs qu'aux environs de ce bourg le *Petromantalum* de l'Itinéraire et probablement le *Petrumviaco* de la Table de Peutinger, dont le nom ne lui paraît qu'une variante du précédent. « En effet, cette voie qui se rend à Chartres par Mantes, porte encore dans tout le Vexin le nom de « chaussée Brunehaut » et celui de « chemin de Mantes. » *Petrumviacum* devait signifier en latin barbare « Pierre du chemin, » Pierre au bord d'un chemin. Nous sommes porté à croire que *Petromanta-*

lum aura pu être pareillement un mot forgé pour désigner « la Pierre de Mantes, » pierre sur le chemin de Mantes. »

A partir de *Petromantalum*, la voie suit, jusqu'à Paris, le tracé que nous avons indiqué en étudiant la route de Paris à Rouen. Nous avons dit que la plupart des géographes s'accordaient à placer *Briva Isarœ* à Pontoise. Telle est également l'identification que nous avons adoptée. Disons toutefois que ce n'est pas le sentiment de M. A. Le Prévost qui s'exprime ainsi dans une note concernant la voie de *Cæsaromagus* à Lutèce : « On a toujours placé jusqu'à présent *Briva Isarœ* à Pontoise, à cause de la ressemblance des noms et de la présence d'une voie romaine sur ce point. Cependant, il est visible que si *Briva Isarœ* s'était trouvé sur cette route, dans la direction de *Petromantalum* à Lutèce, il aurait dû être mentionné également dans la route précédente, et que surtout la distance ne serait pas de 18 lieues gauloises seulement dans un cas et de 29 dans l'autre. Nous croyons donc qu'il ne faut pas chercher *Briva Isarœ* entre *Petromantalum* (Arthieul) et Paris, mais sur un point qui se trouve au bord de l'Oise, à 14 lieues de l'un, à 15 lieues de l'autre, et sur la route directe de Beauvais à Paris ; or, la position de Beaumont-sur-Oise nous paraît satisfaire de la manière la plus complète à toutes ces conditions. M. Em. Gaillard préfère Auvers, dont Charles le Chauve fit réparer le pont en 865 et où il se trouve une route très droite vers Paris par Taverny et Eaubonne. »

L'argumentation qui précède ne nous paraît pas fort claire. Comment d'ailleurs concilier cette hypothèse avec l'opinion émise précédemment par le même auteur, que *Petromantalum* et *Petrumviaco* ne sont qu'une seule et même localité ? Si l'on veut qu'il ait existé, à si peu de distance l'une de l'autre, deux stations du nom de *Briva Isarœ*, il faut également dédoubler le point d'embranchement et assigner deux positions différentes à *Petromantalum* et à *Petrumviaco*. Dans tous les cas, ces identifications ne sont point sans présenter de sérieuses difficultés ; mais nous aimons mieux nous en tenir à l'opinion commune, ayant ici pour nous l'avis, à nos yeux prépondérant, de la Commission de la carte des Gaules.

§ III.

ROUTE DE PARIS A DREUX (DUROCASSES), PUIS A ÉVREUX (MEDIOLANUM AULERCORUM) ET A ROUEN (ROTOMAGUS).

Cette voie, qui manque sur la carte de Peutinger, est ainsi mentionnée dans l'Itinéraire d'Antonin :

A Rotomago Luteliam usque, millia passum LXXVI.
Rotomagum. (Rouen)
Uggade (Caudebec) IX lieues.
Mediolani Aulercorum (Evreux) XIV lieues.
Durocasses (Dreux) XVII lieues.
Diodurum (Jouars ou Neauphle) XXII lieues.
Luteciam (Paris) XV lieues.

Les chiffres de l'Itinéraire, à partir de Dreux, ne correspondent pas aux distances réelles. « Peut-être, dit M. Alexandre Bertrand (1), place-t-on mal la borne initiale, ou y a-t-il un problème topographique mal résolu. Des remaniements de la voie ou des embranchements inconnus expliqueraient peut-être cette particularité. La Commission de la carte des Gaules a reconnu par la comparaison d'un très grand nombre de voies que quand une voie secondaire s'embranchait sur la voie principale, la première borne ou borne initiale de la voie secondaire placée à l'embranchement et non dans la ville station même, prenait cependant le nom de la station, bien que, quelquefois, elle fût éloignée de plusieurs milles du centre d'habitation ; ainsi, par exemple, pour la première borne entre Dreux et Neauphle-le-Château (*Diodurum*)... »

Suivant M. de Dion (Mémoires de la Société archéologique de Rambouillet, t. I), la voie de Paris à Dreux, au sortir de la première de ces deux villes, s'embranche sur celle d'Orléans à l'Ecole des Mines, rue d'Enfer ; elle suit la petite rue de Chevreuse, puis la rue de Vanves et, confondue avec elle, traverse à la sortie des fortifications le chemin de fer de l'Ouest sous un angle très aigu : avant Clamart, dont le nom paraît indiquer une origine romaine, se détache l'ancien chemin de Chevreuse par

---

(1) Les voies romaines en Gaule, *Revue archéologique*, 1863.

Châteaufort, et la voie de Dreux continue, *probablement*, par Meudon, Viroflay, Versailles et Saint-Cyr.

Le tracé de la Commission des Gaules n'est pas le même : la voie aurait suivi la rue Vaugirard, passé à Issy, aux Moulineaux, gravi le coteau en face du château actuel, traversé les bois de Meudon, Chaville, Viroflay, Versailles, Saint-Cyr et Trappes.

Le Service des Agents-voyers n'a pu nous donner aucun indice sur cette partie de la voie dans le département de Seine-et-Oise. On avait cependant signalé à leur attention ce fait qu'on aurait retrouvé naguères à Chaville et à Viroflay, des traces d'une voie très ancienne. On n'a pu obtenir à cet égard de renseignements suffisamment précis. On connaît cependant le dolmen, aujourd'hui presque absolument détruit, de Meudon, les nombreuses antiquités découvertes dans cette localité, des pièces d'or au type des *Parisii* trouvées à Versailles, etc., ce qui tendrait à prouver l'existence de communications fort anciennes entre ces diverses localités.

M. de Dion indique ensuite comme il suit le parcours de la voie de Paris à Rouen : en partant de Saint-Cyr, elle traverse Trappes, remonte vers Elancourt où elle croise l'ancienne route de Poissy à Orléans par le Perray, Ablis et Allaines ; passe à la ferme d'Ergal ; de là elle continue en ligne droite sur le clocher de Jouars (Pontchartrain), qui paraît être la station de *Diodurum*, dont le nom de Jouars (ou plutôt comme on l'écrivait autrefois Jorre ou Jouarre) peut dériver, ainsi que Jour vient de *Diurnus*. peu après se trouve une ferme qui porte le nom d'Ite, *Ayta* ou *Ayte*, au moyen âge (*Iter?*) ; la partie du chemin entre Jouars et Ite, abandonnée par la circulation, existe encore sous l'herbe qui la recouvre. « Elle suit pendant un kilomètre la pente du terrain, élevée de deux pieds au-dessus du sol en conservant une largeur de 5 à 6 mètres ; cet exhaussement, la rectitude du tracé faisant partie d'une ligne droite de seize kilomètres, et la profondeur du *Stratumen* inférieur ne permettent pas d'y méconnaître une voie romaine. » On a d'ailleurs rencontré, à Jouars et à Ite, de nombreux fragments de tuiles romaines et d'autres débris analogues qui annoncent des habitations ou établissements d'une certaine importance.

A Ite, la voie que nous étudions est traversée par une autre route, dont le point de départ était probablement Meulan ou Poissy, qui franchissait le Pont Chartrain, *Pons Carnotensis*, nom qui indique la direction vers laquelle il conduisait ; cette autre voie, à laquelle nous reviendrons plus loin, se dirigeait, au sud-ouest, par Saint-Léger en Yvelines sur la capitale des Carnutes.

Notre voie vers Dreux se poursuit, plein ouest, par un chemin défoncé qui portait, en 1507, le nom de *chemin Druois*, et faisait à cette époque la délimitation entre la chatellenie de Maurepas et celle de Neauphle ; elle franchit le ruisseau des Mesnuls au moulin de l'*Estrée*, dont le nom est encore un jalon, et regagne, à un kilomètre plus loin, la grande route de Bretagne qu'elle suit jusqu'au village de La Queue, laissant Millemont un peu à droite et arrivant à un endroit qui figure sur la carte de Cassini sous la dénomination de « les Quatre piliers. »

A partir de ce point, la voie reste indéterminée pour M. de Dion. Son prolongement direct irait par Maulette, Houdan, puis, dans Eure-et-Loir, par Goussainville, Serville, Chérizy et Dreux. Mais l'Itinéraire marque entre Jouart et Dreux vingt-deux lieues gauloises, et il n'y en a guère que dix-huit entre ces deux localités. M. de Dion suppose qu'à l'époque où l'Itinéraire d'Antonin fut rédigé, la route directe était interrompue, par la ruine du pont de Chérizy, par exemple, et qu'il fallait aller traverser l'Eure, soit à Charpont, soit à Nogent-le-Roi, et de là gagner Saint-Léger-en-Yveline, puis, en suivant la route venant de Chartres, la ferme de Ite où l'on reprenait la route directe pour arriver à Jouars.

Telle paraît être également l'hypothèse admise par la Commission de la carte des Gaules, car, après avoir fait passer la route à Jouars, dans lequel elle reconnaît également l'ancien *Diodurum*, elle la fait descendre à Bazoches (*Basilicæ*), aux Menuls, où existe un hameau dit « de la Millière », peut-être en souvenir d'une borne itinéraire, et à Saint-Léger-en-Yveline ; quittant le département de Seine-et-Oise entre le Tartre-Gaudran et La Boissière, elle passerait dans Eure-et-Loir à Nogent-le-Roi, se divisant alors en deux tronçons, l'un au Nord-Ouest, se dirigeant vers Dreux, — l'autre au Sud-Ouest, tirant vers Chartres.

« La Guide des chemins de France » indique, de Paris à Montfort, mais s'arrêtant à ce dernier endroit, une route qui ne diffère pas sensiblement de celle que nous venons de suivre; cette route de Paris à Montfort, est ainsi détaillée :

Passe près d'Issy et monte la montaigne à costé de Meudon.

Chaville, 2 lieues 1/2.
Viroflay, 1/2 lieue.
Versailles, 1 lieue.
Normandie, manoir, 1 lieue.
La ferme de Mauconseil, 1/2 lieue.
La Maladrerie de Trappes, passage dangereux, 1/4 de lieue.
Trappes, 1/2 lieue.
Elencourt, 1/2 lieue.
Arregal, 1 lieue.
Chambos, 1/4 de lieue.
Les Monceaulx, 1/2 lieue.
Bazoches, 1/2 lieue.
Et Montfort, 1 lieue.

AUTRE ROUTE POSSIBLE PAR SAINT-CLOUD ET NEAUPHLE.

Quant au chemin direct entre Paris et Dreux, « la Guide » le fait passer par les points suivants :

Le Roolle (le Roule).
Notre-Dame de Boulogne, 1 lieue 1/2.
Le pont de Saint-Cloud, 1/2 lieue.
Vaucresson, 1 lieue.
Villepreux (repue), 3 lieues.
Neauphle-le-Chastel, 2 lieues.
Saint-Aulbin, 1/2 lieue.
La Queue (le bois dangereux passage), 1 lieue 1/2.
Houdan (giste), 2 lieues.
Goussainville, 1 lieue 1/2.
Marolles, 1/2 lieue.
La Mésangère, 1/2 lieue.
Cérisy (passe la rivière d'Eure), 1/2 lieue.
Dreux (repue), 1 lieue.

Ceci nous porte à penser que la voie romaine de Paris à Dreux suivait peut-être cette ligne; Saint-Cloud, personne ne l'ignore, est une localité fort ancienne, connue sous les Mérovingiens, sous le nom de *Novientum* ou *Novigentum;* le pont qui la relie au territoire de Boulogne remonte également à une antiquité reculée; après avoir monté la colline, la voie passait entre Garches,

Marnes (à Marnes, château de « la Marche », limite ou passage), Vaucresson, Rocquencourt ; la ligne jusque-là est presque droite et la voie sert de limites entre plusieurs de ces communes (nous avons fait remarquer que cette particularité était un des caractères des voies les plus anciennes); elle arrivait ensuite à la ferme de Chevreloup, à Rennemoulin, à Villepreux, village d'une origine reculée et jadis renfermé dans une enceinte retranchée; de là aux Clayes, à la Bretechelle, autre indication d'un point fortifié, à Plaisir et à Neauphle-le-Château, ou plus vraisemblablement à Villiers-Saint-Frédéric, commune située en plaine, entre les deux Neauphle : à Villiers, on a trouvé, en 1872, plusieurs haches en bronze dans un bois appartenant à M. de Mortemart ; à Neauphle, les découvertes d'antiquités ne sont pas rares ; on y a rencontré des instruments en pierre taillée et en pierre polie. — On sait que cette dernière localité a eu dans les temps anciens, en raison de sa situation sur un promontoire élevé, une assez grande importance au point de vue stratégique.

A partir de Neauphle ou plutôt de Villiers, la voie prenait la direction que nous avons précédemment indiquée, par La Queue et Houdan. Ce dernier point est également très riche en objets remontant à une haute antiquité.

Nous avons remarqué sur les minutes de la Commission de la carte des Gaules, un tracé vert probablement l'indice d'une voie gauloise, entre Neauphle-le-Château, Vic (ou Vicq), Boissy-sans-Avoir, Garancières, Orgerus et Richebourg. A Vic, en 1850, on a découvert un cimetière mérovingien dont les tombes avaient été fouillées à une époque antérieure; au hameau de Bardelles, entre Vic et Boissy, en construisant, vers 1849, le chemin de grande communication n° 42, on a trouvé, dans un vase en terre commune, des monnaies romaines dont le nombre était évalué à deux mille environ. A Richebourg, la voie gauloise bifurquait : au Nord-Ouest vers Evreux par Gressey, la chaussée d'Ivry et Ivry ; au Sud-Ouest vers Dreux par Saint-Lubin et Havelu. Enfin, de Gressey même (peut-être souvenir d'un grès ou borne antique), partait une troisième ligne vers Mantes par Orvilliers, Mulcent, Septeuil, Rosay, Villette, Vert, Aufreville, Mantes-la-Ville et Mantes; elle suivait, à partir de Septeuil, toutes les sinuosités de la petite rivière appelée La Vaucouleurs. Sur toute cette ligne sont fréquentes les découvertes d'objets antiques : A Septeuil, notamment, on a trouvé des médailles, des poteries, des armes, jusqu'à une statuette et des bustes en bronze; non loin de là, à Hargeville, on croit avoir reconnu les vestiges d'une station militaire romaine.

La Carte des Postes de 1738 donne, entre Paris et Dreux, d'une part le tracé par Saint-Cloud, Villepreux, La Queue et Houdan, et, d'autre part, un tracé qui, passant par Boulogne, traverse la Seine au pont de Sèvres, suit la ligne directe par Versailles jusqu'à Saint-Cyr, et de là bifurque d'un côté sur Neauphle. La Queue et Houdan, et vers le Sud-Ouest, par Trappes, Coignères, Rambouillet et Maintenon, vers Chartres.

§ IV.

ROUTE DE PARIS A GENABUM (ORLÉANS), ET A AUGUSTODUNUM (AUTUN), OU A AUTESSIODURUM (AUXERRE).

Cette voie est ainsi énoncée dans l'Itinéraire d'Antonin :

AB AUGUSTODUNO (Autun), LUTETIAM M. P. CLXXXVII.

    Alisincum (Anisy), M. P. XXII.
    Decetiam (Decize), XXIV.
    Nevirnum (Nevers), XVI.
    Condate (Cosne), XXIV.
    Brivodurum (Briarre), XVI.
    Belca? XV.
    Cenabum (Orléans), XXII.
    Salioclitam (Saclas), XXIV.
    Lutetiam (Paris), XXIV.

Elle figure également sur la Table de Peutinger, au moins dans la section comprise entre Orléans et Paris; mais son point de départ n'est pas le même; elle est détaillée comme il suit dans la belle publication de M. Ern. Desjardins :

Route XXXV. De AUTESSIO-DURO (Auxerre) à LUTECI.

    1. Autessioduro (Auxerre) M. P.
    2. Bandritum (Joigny)   VIII.
    3. Agesincum (Sens)   XXV.
    4. Aquis Segestæ (Ferrières) XXII.
    5. Fines (Sucy-au-bois)   XXII.
    6. Cenabo (Orléans)   XV.
    7. Luteci (Paris)   XLVII.

Cette voie, d'après M. Jollois (Mémoire sur les antiquités romaines et gallo-romaines de Paris, 1839-1846), aboutissait au centre de Lutèce, à l'endroit qui fut longtemps appelé « Le Petit-Pont ». Elle traversait le Forum de la rive gauche, passait devant la principale façade des Thermes, suivait le tracé de l'ancienne voie St-Jacques, traversait ce vaste champ funéraire constaté par maint historien et dont, pendant tout le Moyen-Age, des appellations telles que « le fief des tombes », le « clos des Mureaux », le « Locus cinerum », conservaient la tradition; passant ensuite entre Montrouge et Gentilly, elle arrivait à Arcueil où se voient encore les arcades de l'aqueduc romain qui amenait les eaux dans le quartier du Luxembourg; suivant à peu près l'emplacement de la route nationale n° 20, elle traversait Bourg-la-Reine.

L'agent-voyer du canton de Longjumeau n'a pu nous donner aucun renseignement; mais M. Jollois, qui nous sert ici de guide, avance qu'elle passait près d'Antony, où elle franchissait la Bièvre, à Longjumeau, où elle traversait l'Yvette après avoir fait un léger coude vers l'ouest, probablement à la rencontre d'un gué. Elle coupe ensuite le territoire de Balainvilliers, sert de limites entre la Ville-du-Bois, Villebousin et Longpont, passe sous Montlhéry, dont on connaît l'importance militaire au Moyen-Age, traverse Linas où l'on a découvert à diverses reprises des antiquités romaines, et où se trouve le hameau de Guiperreux (*vadum petrosum*), sur l'un des affluents de l'Orge. Inclinant un peu vers la gauche de la route actuelle, la voie romaine allait de ce point à Leuville et de là à Arpajon, après avoir parcouru le territoire de Saint-Germain-lez-Arpajon; un des champtiers de cette commune dénommé « Le Camp » est situé à peu de distance, au nord-est d'Arpajon. Cette dernière localité, érigée en marquisat le 26 octobre 1720, portait auparavant le nom de Chastres (*castrum* ou *castellum*), qui dénote suffisamment son origine et sa destination primitive.

M. Réobourg, agent-voyer du canton d'Arpajon, dit que l'on pense généralement que la route nationale n° 20, dans la traversée de ce même canton, a été construite en grande partie sur le tracé d'une ancienne route qui a pu être la voie romaine de Paris à Orléans; « mais, ajoute-t-il, il ne reste aucun vestige confirmant cette opinion qui n'est corroborée que par la signification des noms de plusieurs communes dont l'origine indique l'occupation romaine. »

Au delà d'Arpajon, vers Orléans, la voie antique suivait non plus la route nationale actuelle, mais la route appelée aujourd'hui « de la vieille poste », laissant Avrainville à gauche et se dirigeant sur Torfou, qui était, paraît-il, une station romaine et dont la route séparait le territoire de celui de Cheptainville.

Le même agent-voyer signale une autre voie fort ancienne, aujourd'hui complètement abandonnée et servant uniquement aux exploitations agricoles, sur les territoires de Montlhéry, Linas, Longpont, St-Michel-sur-Orge et Bretigny ; d'après la carte de l'arrondissement de Corbeil dressée par Donnet en 1834, ce chemin formait limites entre Montlhéry et Linas, passait à Guiperreux, délimitait St-Michel-sur-Orge d'avec Bretigny, Ste-Geneviève-des Bois (autrefois Serquigny) d'avec le Plessis-Pâté, Bondoufle d'avec Fleury-Mérogis, Courcouronnes d'avec Lisses, et traversait le territoire d'Essonnes pour arriver à la Seine en face du Vieux marché de Corbeil ; cette route, encore visible dans tout son parcours et qui porte toujours le nom de « Vieux chemin de Corbeil », aurait été une ancienne voie romaine : « Elle portait du moins, il y a moins d'un siècle, le nom de « Chemin de Jules César »... A Courcouronnes il y avait, dit-on, un camp retranché des armées romaines... Une partie du même chemin, sur environ quatre cents mètres de longueur, entre les territoires de Bretigny et de St-Michel-sur-Orge (autrefois *villa romanaria*), présente un blocage de construction soignée et fort ancienne ; la partie supérieure se compose d'une couche de pierres et de grès non taillés, de toutes grosseurs, posés très jointifs, sur une couche de sable de 0,40 centim. d'épaisseur au milieu, et de 0,10 centim. sur les bords qui sont en plus gros matériaux formant bordure. Au dessous de cette couche de sable se trouve une couche d'environ 0,12 centim. d'épaisseur de pierres de ramassage de la contrée, reposant sur le sol glaiseux. La largeur de cette chaussée, en cet endroit parfaitement conservée, est d'environ cinq mètres. »

Revenons à la voie romaine de Paris à Orléans. Nous l'avons quittée à la limite du canton d'Etampes et l'avons suivie jusqu'à Torfou ; elle se dirigeait ensuite vers Chamarande dont l'ancien nom « Bonne », *Butnœ* au xie siècle, indique peut-être l'emplacement d'une borne milliaire et où elle se rattachait de nouveau à la route nationale actuelle de Paris à Toulouse à l'endroit appelé « la Vieille-Poste. » Non loin de Chamarande, dans la commune de Souzy-la-Briche, on a découvert, de 1865 à 1870, de nombreuses antiquités annonçant l'existence d'une vaste et magnifique habitation ; on a, entre autres choses, trouvé en cet endroit deux pavages en mosaïque transportés depuis chez M. de Saint-Périer à Etampes. Après Etréchy, dont le nom rappelle la position de cette commune sur une route ancienne, la voie faisait un léger coude vers la gauche pour passer au-dessous des hauteurs de Saint-Martin-de-la-Roche ; elle est recouverte par la route nationale n° 20 entre les bornes kilométriques 45 à 49, et dans ce trajet, elle rencontre les localités appelées « le château (ou la grosse tour, d'après Cassini), de Joeurs (1) », et le « château Brunehaut », dénomination annonçant encore la présence de la voie ancienne ; elle arrive enfin à Etampes par le faubourg Evezard.

Le nom d'Etampes, d'après M. Cocheris (Origine et formation des noms de lieux), viendrait du mot latin *stapula, stapulæ*, qui a la double signification d'*entrepôt*, c'est-à-dire d'endroit où l'on apporte les marchandises pour les vendre, et d'*étape*, c'est-à-dire lieu désigné pour la halte, le repos, chaque fois que les troupes se rendent d'une ville dans une autre. Quelle que soit l'interprétation qu'on adopte, l'une et l'autre sont également applicables à une localité située sur une voie romaine importante, et à peu près à mi-chemin entre deux centres relativement considérables, tels que Orléans et Paris.

Cependant le point intermédiaire exact n'était point Etampes, mais un endroit marqué dans l'Itinéraire d'Antonin sous le nom de *Salioclita*. L'Itinéraire compte 24 milles (lieues gauloises) entre Orléans et cette station et 24 milles également depuis ce point jusqu'à Paris ; cette évaluation précise de la distance, non moins que la similitude de nom, ont fait identifier *Salioclita* avec le village actuel de Saclas ; la forme latine *Sacliolita* donnée par M. Cocheris se rapproche d'ailleurs beaucoup de la dénomination indiquée par l'Itinéraire.

En quittant la ville d'Etampes, qu'elle parcourait dans sa plus grande longueur, la voie romaine, que paraît avoir empruntée, à partir de cette ville, le chemin de grande communication n° 49, faisait un léger coude pour passer dans la vallée de la Juine, délimitait les territoires d'Etampes et d'Ormoy-la-Rivière, passait

---

(1) Qu'il nous soit permis de faire remarquer cette coïncidence avec le nom à peu près semblable de la commune de Jouars, autrefois Jeurre, située sur la ligne de Paris à Dreux et dans laquelle on croit reconnaître le *Diodurum* de l'Itinéraire d'Antonin.

entre le hameau de Landreville et celui de Villesauvage, servait de limites entre les communes de Guillerval et de Boissy-la-Rivière, s'inclinait vers l'est au lieu dit « La Fosse Conard, » et arrivait à Saclas.

C'est en cet endroit que la voie franchissait la Juine. Elle servait ensuite de démarcation entre les territoires de Saclas et de Saint-Cyr-la-Rivière, entre Méréville et Estouches (ce dernier nom rappelant l'existence, à proximité, d'une voie romaine), après quoi elle quittait Seine-et-Oise pour passer dans le Loiret. C'est au point précis de la limite actuelle de notre département que la route de Paris à Orléans venait couper un autre chemin, très ancien, de Chartres à Sens, dont nous nous occuperons plus loin.

Ajoutons ici quelques remarques que nous a communiquées M. Hême, agent-voyer du canton de Méréville : l'ancien blocage existe encore dans quelques parties de la route actuelle entre Ormoy et Saclas. La chaussée bloquée avait de cinq à six mètres ; la largeur totale de la voie était de vingt-quatre mètres. Le même agent-voyer a fait exécuter des fouilles sur la voie entre Saclas et Saint-Cyr : il a rencontré « une chaussée composée de trois couches de blocage et de deux couches d'une sorte de béton en petites pierres avec ciment gris-jaune et gravier très fin. » Il a pris la peine de joindre à ses renseignements écrits un croquis très bien exécuté.

A Saclas, la voie romaine traversait une vallée profondément encaissée ; c'était un passage difficile et dangereux et tel était, sans doute, le motif qui l'avait fait choisir comme station probablement fortifiée. Ce qui donne à cette hypothèse une plus grande vraisemblance, c'est l'existence, à très peu de distance, d'une sorte de promontoire dont l'altitude est de 130 mètres et que l'on appelle « le Romard. » L'intervention du nom de la grande nation conquérante n'est-elle pas encore ici visiblement attestée? D'autre part, on a souvent trouvé à Saclas même ou aux environs de cette commune, des médailles, des armes, des poteries ; sur le même territoire, mais un peu au nord-ouest de l'agglomération actuelle, vers la commune de Guillerval, se dresse encore aujourd'hui une borne haute de 1 m. 50 environ, dans un carrefour auquel aboutissent sept chemins. Le champtier a nom « la Haute-Borne. » A Saint-Cyr-la-Rivière, un champtier est dénommé « les Grosses-Bornes ; » peut-être y avait-il en ce dernier endroit un monument mégalithique.

La voie romaine, dans le Loiret, passe à Autruy (peut-être

altera via), à l'est d'Outarville, à Bazoches, à l'est de Neuville-au-bois et arrive ensuite à Orléans ; une autre route, plus moderne, s'embranche à Etampes et gagne Orléans par Monnerville, Angerville, Toury, Artenay et Cercottes.

Disons enfin, pour ne rien omettre, que l'agent-voyer de Méréville signale encore un chemin ancien venant de Mérouville (Eure-et-Loir), commune qui paraît être le point central où se seraient rencontrées les voies de Beauvais à Orléans par Ablis, celle de Chartres à Melun et enfin celle de Blois à Etampes dont parle notre correspondant et qui passe par Pussay, Chalou-Moulineux, l'Humery et Etampes. Ce chemin, que quelques personnes considèrent comme une voie romaine, est appelé dans le pays « grand chemin » ou « chemin de Blois. » On n'y voit aucun blocage.

« La Guide des chemins de France » trace ainsi qu'il suit l'itinéraire de la grande route de Paris à Orléans :

> Le Bourg-la-Royne, 2 lieues.
> Le Pont Antony, 1 lieue.
> Longjumeau, 2 lieues.
> Montlehéry, 2 lieues (repue).
> Chartres, 2 lieues.
> Torfou, 1 lieue 1/2.
> Estrechy-le-Larrow, 1 lieue 1/2.
> Estampes, 2 lieues (giste).
> Villesauvage, 1 lieue.
> Monerville, 2 lieues.
> Engerville-la-Gaste, 2 lieues.
> Champ-à-Lorry, 3 lieues 1/2.
> Toury, 1 lieue 1/2.
> Orléans.

Il y a un embranchement d'Etampes à Lorris, plus conforme au tracé de la voie romaine, et ainsi indiqué :

> Estampes.
> Saclas, 2 lieues.
> Aultruy, 3 lieues (repue).
> Pievirs-le-Chastel.
> Lorris.

La Carte des postes de 1738 donne également, de Paris à Orléans, le parcours par Monnerville et Angerville.

Quant à la Commission de la carte des Gaules, elle admet, comme nous l'avons déjà fait remarquer, la direction que nous avons détaillée; toutefois entre Arpajon et Etrechy la Commission suit la ligne occupée actuellement par la route nationale; l'étude des lieux nous porte à la rapprocher d'Avrainville et à la faire passer par Torfou d'où elle rejoint la route nationale à la hauteur d'Etrechy.

Au musée d'Orléans se trouve une borne milliaire provenant de la voie romaine de Saclas; trouvée lors des déblaiements du chemin de fer, elle porte cette inscription :

```
        IMP· C· L· D· AURE
        LIANO· P· F· INVI· C·
        AUG· PONT· M· P· P· T· P· VI
        COS· III· GER· M· GOT· M· PA
        R· M· DA· M· CAR· M· I· M·
```

Que l'on lit ainsi :

Imperatori Caio Lucio Domitio Aureliano pio felici Invicto Cœsari Augusto Pontifici Maximo Patri Patriœ Tribunitia Potestate VI Consuli III. Germanico Maximo Gothico Maximo Parthico Maximo Dacico Maximo Carpico Maximo. I. Millia (passuum).

§ V.

ROUTE DE PARIS A MELUN (MECLEDUM), A SENS (AGEDINCUM) ET A AUXERRE (AUTESSIODURUM).

STATIONS.	Chiffres des documents	Distances réelles	DÉSIGNATION des DOCUMENTS.	IDENTIFICATIONS
Autessiodurum..........				Auxerre.
Banditrum.............	VIII	7	Tab. Peuting.	Bassou.
Agedincum.............	XXV	19	—	Sens.
Condate (1)............	XIII	16	Itinér. Anton.	Montereau-f.-Yonne.
Mecledum (2)..........	XVI	13	—	Melun.
Lutetia (3).............	XVIII	19	—	Paris.

(1) XIII pour XVI.
(2) XVI pour XIII.
(3) Il est à remarquer qu'aucune des distances qui aboutissent à Paris ne conduisent jusqu'à la Cité. Elles s'arrêtent toutes à peu près à un mille du centre de l'ancien Paris, il est difficile de dire à quoi tient cette particularité.
(Note de M. Al. Bertrand.)

Cette route est ainsi mentionnée dans « la Guide des chemins de France. »

A Melun.

Le Pont Charenton, 1 lieue 1/2.
Villeneufve-Saint-Georges, 2 lieues (repue).
Loursain ou Lieursaint, 3 lieues.
Melun, 3 lieues (giste).

D'après M. Jollois (Mémoire sur les antiquités de Paris), une voie romaine s'embranchait sur celle de Paris à Saint-Denis un peu avant Saint-Jacques-la-Boucherie, passait sur l'emplacement actuel de l'hôtel-de-ville, suivait la rue Saint-Antoine et aboutissait à l'endroit où fut depuis la porte Baudoyer, dont le nom, tout défiguré qu'il soit, rappelle cependant qu'elle conduisait au « camp des Bagaudes » établi, pendant les derniers temps de la domination romaine, dans la « Boucle de la Marne, » au dessous de Joinville-le-Pont.

La Commission de la géographie des Gaules estime que cette voie descendait ensuite vers les terrains occupés par la gare du chemin de fer de Lyon, franchissait les fortifications à peu de distance de la Seine, et allait passer la Marne, soit à gué, soit sur un pont situé à peu près à l'endroit de celui qui relie aujourd'hui Charenton à Alfort. A Charenton, les officiers du génie qui construisaient le fort ont retrouvé les traces d'une redoute gauloise qui se rattachait peut-être, dit le général Creuly, à la défense de Paris contre l'expédition de Labiénus; non loin de là, à Saint-Maur, M. Leguay a découvert en 1863 des sépultures de l'époque primitive avec incinération ; des poteries brisées, des silex taillés les accompagnaient.

Suivant ensuite la route actuelle de Paris à Lyon, la voie romaine arrivait à Maisons-Alfort, passait vis-à-vis de Creteil, non loin de la « ferme de Notre-Dame-des-Mèches, » où M. Quicherat place la seconde station de Labiénus lors de sa campagne contre les Parisiens; elle arrivait dans Seine-et-Oise à peu de distance d'une exploitation qui porte le nom de « Ferme de la Tour. » En 1878, on a trouvé à Valenton des inhumations avec armes, torques, anneaux de bronze et épées en fer (Collection Moutié).

A Villeneuve-Saint-Georges, la voie côtoie pendant quelques instants le coude que fait la Seine, resserrée par le promontoire dont l'altitude est de 132 mètres, au bas duquel s'étagent les maisons de Villeneuve. Cette localité est fertile en antiquités gallo-romaines ; le musée de Saint-Germain-en-Laye a recueilli des céréales et des graines qui étaient enfouies là depuis quinze ou seize siècles ; on y a également trouvé des instruments de la pierre taillée et de la pierre polie ; l'abbé Barranger croit avoir rencontré, non loin de Villeneuve-Saint-Georges, sur le bord de la rivière, des habitations gauloises renfermant encore des débris de céramique, des haches et couteaux en silex et autres témoins de l'industrie primitive.

La voie, déviant un peu vers l'est, traverse Montgeron, sépare cette commune de celles de Yères et de Brunoy et pénètre dans la forêt de Sénart qu'elle coupe en diagonale jusqu'à la limite de notre département, après avoir servi de ligne de démarcation entre les territoires de Brunoy, Soisy-sous-Etiolles, Etiolles, Epinay-sous-Senart, Quincy-sous-Senart ; elle traverse la commune de Tigery et abandonne le département au pont dit « du Roi » sur le rû des Hauldres.

Passant de là dans Seine-et-Marne, et toujours en ligne droite jusqu'à Melun, elle suit la grande rue du bourg de Lieusaint, sert de limites entre cette commune et Moissy-Cramayel, sépare les territoires de Réau, Savigny-le-Temple, Cesson, laisse un peu de côté Vert Saint-Denis et arrive à Melun en un endroit désigné sur la carte de l'Etat-major sous le nom de « le Terme, » dans lequel il n'est pas difficile de retrouver le mot latin *terminus* appliqué aujourd'hui aux stations extrêmes des chemins de fer.

Le tracé que nous venons de suivre depuis Paris est celui que porte la minute de la Commission de la carte des Gaules ; il y est indiqué par un trait continu, ce qui donne à penser qu'aux yeux de la Commission il n'y a aucune hésitation sur la ligne que suivait la voie romaine de Paris à Melun ; c'est, d'ailleurs, au moins pour le département de Seine-et-Oise, à peu près le parcours actuel de la route nationale n° 5, de Paris à Lyon.

M. Delaporte, agent-voyer du canton de Boissy-Saint-Léger, n'a pu nous donner que le renseignement suivant : selon lui, la voie viendrait de Villeneuve le-Roi « ayant traversé le fleuve à peu près à l'endroit où se trouve actuellement le pont suspendu qui donne passage au chemin de grande communication n° 32. La voie a dû passer dans Villeneuve-le-Roi. » Il n'y a point assurément d'impossibilité à ce qu'une communication ait existé sur ce point où, comme nous l'avons vu, la voie touche à la Seine, entre la route directe de Paris à Melun par la rive droite, que nous venons d'étudier, et une autre route existant selon toute apparence sur la rive gauche et dont nous nous occuperons plus loin.

L'agent-voyer du canton de Corbeil, M. Lecœur, déclare que le tracé des voies romaines a disparu dans sa circonscription ; mais que, d'après quelques informations par lui recueillies, il est probable que la voie dont il s'agit suivait à peu près le parcours ci-dessus décrit. « En outre, dit-il, il existait une autre voie de moindre importance longeant les coteaux de la rive droite de la Seine ; elle est aujourd'hui recouverte de terre végétale et livrée à la culture. Mais des fouilles faites de distance en distance ont permis d'en retrouver une partie. » Des traces de cette voie secondaire ont été en effet rencontrées sur les territoires de Saint-Pierre-du-Perray (nom significatif), de Vieux-Marché, hameau de Corbeil, de Saint-Germain-lès-Corbeil ; elle paraît suivre la direction du nord-est, entre Etiolles et Tigery. A Saint-Germain-lès-Corbeil, sur les hauteurs de la rive droite un champtier est appelé « le champ Dolent. » Les sépultures antiques n'y sont pas rares, non plus que les vases, les armes en fer, les haches en pierre, etc. D'après une tradition locale, fort contestable assurément, ce serait le lieu de la bataille livrée entre Labiénus et Camulogène. Mais serait-ce se lancer trop avant dans le champ des hypothèses que de se demander si la voie secondaire que nous a fait connaître M. Lecœur ne serait pas le chemin que suivit Labiénus, lorsque, après avoir passé la Seine à Melun, il retournait sur Paris en côtoyant la rive droite du fleuve ?

Le même agent-voyer annonce qu'il y avait autrefois un gué sur la Seine un peu au dessus du Corbeil actuel ; ce passage servait peut-être à relier la voie secondaire dont nous venons de parler au chemin qui existait vraisemblablement sur la rive gauche. Aux environs de ce gué, dans le lit de la Seine, on a retrouvé des armes en assez grande quantité pour faire supposer un combat et une tentative de passage à main armée. Epées, lances, javelines en bronze et en fer, haches en silex, pierres de frondes, etc., telle est l'abondante récolte que l'on a recueillie sur ce point. Quelques-uns de ces instruments de carnage sont déformés et soudés ensemble comme si un feu violent les avait atteints.

« Sur différents endroits des rives de la Seine, ajoute-t-il encore, on trouve des cavernes ; quelques-unes ont été explorées et les fouilles ont mis à découvert des ossements humains, des restes d'animaux, des fragments de poteries celtiques, des haches et couteaux en pierre taillée grossièrement. On a rencontré également dans la couche supérieure de ces cavernes de longues épingles en ivoire et des médailles romaines. Ces objets ont été recueillis en 1869 et 1870 par M. Campagne, conducteur des ponts et chaussées à Corbeil, attaché à la navigation de la Seine : tous ces objets sont chez lui et il en a formé un véritable musée. » Nous avons appris, depuis la rédaction de cette note, que M. Campagne était décédé et qu'il a laissé au musée national de Saint-Germain les principales pièces de sa collection.

SECTION II.

Voies anciennes qui ne figurent ni dans l'Itinéraire d'Antonin ni sur la Table de Peutinger.

En dehors des routes anciennes comprises dans l'Itinéraire d'Antonin ou sur la Carte de Peutinger un certain nombre de voies existaient encore à une époque très reculée, dans le département de Seine-et-Oise.

Elles vont faire l'objet de la présente section; nous les étudierons successivement, allant d'abord au nord de Paris, puis à l'ouest, puis au sud et enfin à l'est.

Nous rencontrons d'abord, dans la première de ces quatre directions, une voie très probablement romaine, conduisant de Paris à Senlis.

§ I.

VOIE DE LUTÈCE A AUGUSTOMAGUS (SENLIS) PAR LOUVRES ET GONESSE.

Les agents-voyers ne nous donnent à ce sujet aucun renseignement; mais, dans son Mémoire déjà cité sur les antiquités de Paris, M. Jollois avance que, si l'Itinéraire et la Table se taisent sur cette voie, plusieurs faits recueillis dans Paris même et relatifs à des découvertes d'anciennes chaussées romaines ne laissent aucun doute sur son existence. « Cette voie, après avoir quitté la cité par le « Grand Pont, » aujourd'hui très vraisemblablement le « Pont au Change, » s'embranchait sur la route de *Cæsaroma-*

gus, Beauvais ; elle pouvait suivre soit la direction sur laquelle se sont établies la rue Saint-Denis et une partie du faubourg Saint-Denis, pour aller rejoindre la barrière Saint-Martin ; soit, ce qui paraît plus probable encore, la direction sur laquelle ont été construites les rues Saint-Martin et du faubourg Saint-Martin, et que suivent aujourd'hui les voyageurs qui se rendent à Senlis. » Dans un rapport publié en 1853 par la « Revue d'Architecture, » M. Albert Lenoir dit que, dans les immenses terrassements occasionnés par le percement de la rue de Rivoli, on a rencontré deux voies romaines suivant les directions voisines que présentent les rues Saint-Denis et Saint-Martin ; le tracé de ces deux voies a été constaté sur une étendue assez grande pour que l'on ait pu s'assurer que l'une conduisait à l'est, l'autre au nord.

Telle était sans doute l'amorce de la voie qui, passant par le Bourget, Louvres et La Chapelle-en-Serval, gagnait de là Senlis, puis Soissons et Amiens.

Peut-être convient-il de rattacher à l'origine de cette route la découverte faite en 1877, dans l'ancien cimetière Saint-Marcel, à Paris, d'une borne milliaire romaine conservée actuellement au musée Carnavalet, et dont l'interprétation a occupé l'Académie des inscriptions et belles-lettres dans ses séances des 24 et 31 octobre 1879 et 9 juillet 1880. Voici, d'après M. Ernest Desjardins, le texte reconstitué de cette inscription, au moins dans la partie subsistant encore :

DOMINO NOSTRO GALERIO VALERIO MAXIMINO
NOBILISSIMO CŒSARI· A CIVITATE PARISIORUM.
REMOS CENTUM ET QUINQUE MILLIA PASSUUM·

M. Ernest Desjardins a reconnu dans ce monument épigraphique une borne récapitulative des distances marquées entre Reims et Paris, C V MILLIA PASSUUM ; cette récapitulation porte 105 milles ; or, d'après une note et une carte de M. Longnon, jointes à la dernière communication de M. Ernest Desjardins, les 105 milles se retrouvent exactement entre Paris et Reims en suivant la route de Paris à Senlis par Louvres (*Luvera*), puis, au delà, en s'engageant sur le tracé d'une antique voie qui, par Chennevières, Moussy-le-Neuf, Longpérier, Nanteuil-le-Haudouin, Pisseleux, Villers-Cotterets, Maupas, gagne Soissons et enfin, de cette ville, descend au sud-est par Fismes vers Reims. Cette route est plus longue de dix milles que celle qui gagne Reims par Lizy et Gandelu. (Comptes-rendus de l'Académie des Inscriptions. Séance du 9 juillet 1880).

Cette ligne de Louvres à Reims est marquée sur la carte-minute de la Commission des Gaules par un trait *bleu* plein; ce qui indique, d'une part, que cette voie est parfaitement déterminée et, d'autre part, qu'elle est en dehors des réseaux donnés par la Table de Peutinger et l'Itinéraire d'Antonin.

D'après également la Carte des Gaules, la voie de Paris à Senlis suit dans tout son parcours la route nationale de Paris à Lille ; à la sortie du Paris actuel, elle coupe le chemin de ceinture, puis le chemin de fer du Nord non loin du « Pont de Flandres ; » elle sert de limites aux communes d'Aubervilliers, Bobigny, La Courneuve, Drancy et traverse le Bourget où Raoul de Presles, au xive siècle, signalait l'existence d'un chemin appelé « La Chaucée » venant de La Villette. De ce point au Pont-Iblon, sur le rû de la Morée, elle sépare le département de la Seine de celui de Seine-et-Oise, laisse Bonneuil et Gonesse à gauche, sépare Vaudherland du Tillay, Roissy de Goussainville et traverse Louvres, un peu avant l'embranchement sur Moussy-le-Neuf et Soissons que nous venons d'indiquer. Louvres est un bourg ancien et important où existaient autrefois un château-fort et une léproserie. Après avoir servi de délimitation aux communes de Louvres, Villeron, Marly-la-Ville, Vémars, Fosses et Survilliers — non loin duquel, à Saint-Witz, on a trouvé des médailles romaines et des objets antiques, — la voie sépare pendant quelque temps les départements de Seine-et-Oise et de l'Oise et arrive à Senlis par La-Chapelle-en-Serval, Pontarmé et le Faubourg Saint-Martin. A Senlis, elle se divise en plusieurs branches : au nord-est par Estrées-Saint-Denis, vers Péronne et Amiens ; à l'est, sous le nom de « Chaussée Brunehaut, » vers Soissons et Reims ; au nord-ouest, par Creil (*Litanobriga*), vers Beauvais; par Gouvieux, Boran et Chambly, vers Rouen ; enfin au sud-est, par la forêt d'Ermenonville, vers Meaux (*Jatinum*).

Dans un Mémoire inséré dans le volume de 1874 publié par le Comité archéologique de Senlis, M. de Maricourt étudie une route qui, selon lui, serait le plus vieux chemin gaulois mettant en communication le centre de la Gaule avec le nord, et qui, au moyen-âge, portait le nom de « Chemin des Flandres. » Cette voie va de Paris à Saint-Denis, Gonesse, Louvres, Senlis. Son tracé est suivi généralement par celui de la grand'route moderne, mais celui-ci reste presque toujours séparé du premier. Un peu avant Senlis ils se confondent au contraire pour se bifurquer ensuite en dehors de la ville en deux directions : la Gaule belgique et la Flandre.

Ne quittons pas le territoire des Silvanectes sans mentionner une autre voie secondaire de Senlis à Paris, signalée par MM. Hahn et A. de Caix de Saint-Aymour. Venant du camp romain de Gouvieux (Oise), — encore très apparent, paraît-il, et indiqué d'ailleurs sur la carte de Cassini, — cette route arrive à La Morlaye sur la place, à gauche du vieux chemin de Paris, après avoir traversé les triages orientaux de la forêt du Lys, au lieu dit les Couchies (Les Chaussées?). A la sortie de La Morlaye elle est, dit M. de Caix, parfaitement reconnaissable jusqu'à Chaumontel, Luzarches, etc., d'où elle pénètre dans le pays des *Parisii*, pour aller gagner la capitale par Pierrefitte et Saint-Denys-de-l'Estrée.

« La Guide des chemins de France » nous renseigne comme il suit sur la route de Paris à Senlis :

    La Villette-Saint-Ladre, 1/2 lieue.
    Le Bourget, 1 lieue 1/2.
    Le Pont-Yblon, 1/2 lieue.
        Prend main gauche.
    Vaulx-de-Relan (fondrière), 2 lieues.
    Louvres en Parisis, 1 lieue (repue).
    Guespelle, ferme, 1/2 lieue.
    Saint-Ladre, 1/2 lieue.
    La Chapelle-en-Serval   1 lieue.
    Le Pont-Harmé   1/2
    Senlis   1 lieue (giste).

La carte des Postes de 1738 suit exactement la même ligne.

§ II.

ROUTE DE PARIS A BOULOGNE-SUR-MER, PAR AMIENS.

L'agent-voyer du canton de Montmorency ne nous a donné à ce sujet aucun renseignement.

Il est probable, cependant, qu'une communication directe existait entre Paris et Amiens (*Samarobriva*); cette voie, quittant près de Saint-Denis l'embranchement de Paris à Rouen, passait à Pierrefitte dont le nom peut rappeler soit un monument mégalithique, soit une borne milliaire, traversait un peu plus loin un endroit appelé « barrage » ou « le péage », appellations également fort anciennes, passait vraisemblablement à Sarcelles, Ecouen, Mesnil-Aubry ; elle suivait non pas absolument le tracé de la route nationale actuelle de Paris à Calais, mais elle inclinait un peu vers la gauche, ainsi qu'on peut le remarquer sur la carte de Cassini et sur celle de l'Etat-major, notamment en ce qui concerne les parages de Villiers-le-Sec.

L'agent-voyer du canton d'Ecouen n'a pas été plus heureux que son collègue de Montmorency : il s'est borné à dire que, depuis vingt ans, M. le curé de Sarcelles a mis tous ses soins à retrouver les traces de cette voie, mais que ses recherches sont demeurées infructueuses.

Dans le canton de Luzarches, M. Hahn, membre de la Société d'anthropologie, paraît avoir mieux réussi : mais dans une note qu'il a bien voulu nous adresser, il donne seulement « quelques indications propres à jalonner la direction des voies antiques. » Sur plusieurs points du pays on a trouvé un grand nombre de *tegulæ* ou tuiles à rebord qui prouvent l'existence de plusieurs établissements romains importants.

« Au nord du canton de Luzarches passait la grande voie de Lyon à Boulogne-sur-Mer, entre *Augustomagus*, Senlis et *Cæsaromagus*, Beauvais. Suivant Dom Grenier (Introduction à l'Histoire de la Picardie), cette « chaussée Brunehaut » était la voie solennelle dont parle Ammien Marcellin et par laquelle Julien l'Apostat fit venir à Paris les légions qui étaient en quartier d'hiver dans le pays des Rémois. On la reconnaît encore de Soissons jusqu'en la forêt de Chantilly ; là elle a été détruite lors du défrichement de la forêt et le percement de nouvelles routes forestières tirées au cordeau avec reboisement complet, par le connétable Anne de Montmorency, au xvi⁶ siècle. Une branche se bifurquait sur Paris, se dirigeant par le « Chemin-Ferré », passant au sortir de Senlis au-dessus de « la table », donnant son nom au « Carrefour Brunehaut », arrivant à la route « des Tombes », traversant la vallée de la Thève dans sa plus étroite largeur, passant par Coye pour arriver dans Seine-et-Oise, formant limites entre territoires de communes, puis traversant le canton par Chaumontel, Luzarches, Trianon (commune d'Epinay-Champlâtreux), se dirigeant sur Villiers-le-Sec et de là, comme on l'a vu plus haut, sur Paris. »

Plusieurs des localités situées sur le parcours que l'on vient d'indiquer, présentent des traces irrécusables de l'occupation romaine. Luzarches est un des points les plus anciens du département de Seine-et-Oise ; on y a trouvé des instruments de l'âge de la pierre éclatée et de la pierre polie, des haches et épées en bronze, des objets de la période romaine et gallo-romaine ; il ne serait pas impossible qu'une station fortifiée y eût existé du côté de Seugy où le coteau s'élève brusquement à une altitude de 116/127 mètres. — L'origine de Sarcelles est également fort ancienne ; au lieu dit « la Hart du Roi » s'élevait un château-fort, résidence du roi Eudes. — M. Marchat, conducteur des ponts et chaussées, en construisant la voie du chemin de fer d'Épinay à Luzarches, a découvert sur le territoire d'Écouen (section D, n° 312 du plan cadastral), les traces d'une ancienne ville gallo-romaine avec des tuiles, des poteries, de nombreuses excavations remplies de cendres, débris d'animaux, de charbons « indiquant avoir servi à la cuisson des aliments », une meule portative en grès dur, etc. « On voit encore les restes des fossés qui entouraient la ville et des fouilles peu profondes mettraient à jour ces antiques constructions, ainsi que la voie romaine passant dans la vallée du ruisseau du Rhône. »

M. Graves donne à cette voie, dans Seine-et-Oise, un autre tracé que celui indiqué par M. Hahn ; d'après lui, après avoir traversé la vallée de la Thève, où ses traces sont apparentes, et se continuant toujours sur le même alignement, elle couperait en biais la ligne d'Amiens pour rentrer dans le bois de Bonnet, après lequel elle semble aller du côté de Viarmes et rejoindre probablement la voie directe de Beauvais à Paris, aux environs de Saint-Martin-du-Tertre.

La route directe de Paris à Amiens ne figure pas sur la carte de la Commission des Gaules, ou, du moins, son tracé s'arrête à Saint-Denys-en-France.

« La Guide des chemins de France » indique comme il suit la route de Paris à Chantilly :

La Chapelle-Saint-Denys, 1 lieue.

Saint-Denys-en-France, 1 lieue.

Pierrefitte ou Fricte, 1 lieue.

Sercelles, 1/2 lieue.

Villiers-le-Bel, 1/2 lieue.

Écouan, à main gauche, lieu magnifique.

Le Mesnil-en-France, 1 lieue.

Laisse Champlastreux à main dextre.
Lusarche, 1 lieue (repue).
Morlaye, 1/2 lieue.
Après avoir passé l'eau pren main dextre et chemine à travers boys.
Chantilly, 2 lieues.

La carte des Postes de 1738 fournit les données suivantes : Saint-Denys, Escouen, Lusarches et Chantilly.

§ III.

ROUTE DE PARIS A BEAUVAIS PAR BEAUMONT.

M. Hahn, qui a étudié avec tant de soin la partie nord-est de notre département, nous a signalé une route directe entre Beauvais et Paris, par Beaumont-sur-Oise, appelée « chaussée Brunehaut » et encore reconnaissable dans une partie de son parcours.

D'après M. Le Prévost, qui tenait ces renseignements de M. Graves, cette voie, après avoir quitté Beauvais, passe par l'église de Saint-Sulpice, par Hodenc-l'Evêque, par Tillart; on la perd ensuite et on retrouve à trois lieues plus loin dans la même direction, près de Dieudonne, les vestiges de boulevards en terre qui portent dans le pays le nom de « camp de César » et paraissent avoir entouré un petit camp ou station romaine. Ce lieu est voisin de Puiseux-le-Hamberger, village fort ancien. Non loin de là et toujours dans la même direction, on rencontre Chambly, maison royale de la première race. Il est probable que la communication romaine passait près de ces deux localités pour traverser l'Oise soit à Beaumont, soit à Bruyères, communes situées toutes deux dans Seine-et-Oise et dont l'origine est ancienne; elles possédaient l'une et l'autre un château fortifié dont les substructions n'ont pas entièrement disparu. A Beaumont existait un pont détruit depuis fort longtemps, mais dont on a retrouvé les restes il y a une cinquantaine d'années; on a retiré à cette époque, des fondations de ce pont, des tuiles romaines, des poteries, des médailles et un coin à battre monnaie qui a été déposé à la Bibliothèque nationale.

Suivant M. Hahn, [cette voie traversait ensuite la forêt de Carnelle (où se voit encore la belle allée couverte dite « la Pierre

Turquaise), » passait auprès de Saint-Martin-du-Tertre, d'où sa direction devait la conduire vers la ville de Saint-Denis.

M. Aug. Le Prévost, dit M. Graves, dont la sagacité avait deviné le passage romain de l'Oise près de Beaumont (Notices p. 76), pense qu'on doit y voir la station de *Briva Isarœ*, fixée jusqu'alors sans contestation à Pontoise. « Cette opinion, ajoute-t-il, paraît difficile à concilier avec les distances. Le métré exact de Beauvais au passage de Beaumont donne 35,600 mètres environ, ou 15 lieues et demie, tandis que selon l'Itinéraire d'Antonin, on doit trouver 30 lieues de *Cæsaromagus* à *Briva Isarœ* par *Petromantalum*. Il faudrait alors supposer, sans preuve matérielle, qu'on allait directement des environs de Banthelu à Beaumont-sur-Oise, mais la distance serait plus grande que les 14 lieues indiquées par l'Itinéraire entre *Petromantalum* et *Briva Isarœ*. Au reste, M. Le Prévost relève des contradictions pareilles entre les distances de la version ordinaire qui conduit la route par Banthelu ou Arthieul par Pontoise... »

En suivant sur la carte du Dépôt de la guerre le tracé probable de cette voie, on reconnaît qu'elle devait suivre la ligne suivante dans Seine-et-Oise après avoir quitté le territoire de Chambly : Persan, Beaumont, Mours, longe dans la vallée du Rû-de-Presles les contreforts boisés de la forêt de Carnelle, passe à Maffliers, à Monsoult, sépare Baillet d'Attainville, traverse Moisselles, délimite cette commune, Ezanville et Bouffémont, laisse Piscop à l'ouest, traverse Saint-Brice, où l'on a découvert en 1876 des sépultures antiques, et rejoint la route de Calais avant Pierrefitte au lieu dit « le Barrage » où s'élevaient jadis d'importants travaux de défense.

La voie directe entre Paris et Beauvais, dont nous venons de tracer les principales stations est décrite à peu près de la même manière dans « La Guide des chemins de France » :

De Paris à Beauvais.
Pierrefitte ou Ficte, 3 lieues.
Saint-Brixe, 1 lieue.
Moixelle, 1 lieue.
Presles, 2 lieues.
Beaumont, 1 lieue (repue).
Piseux, 2 lieues.
Sainte-Geneviève, 2 lieues.
Tillart, 1 lieue.

Bescourt, 1 lieue.
Ivarluy, 1 lieue.
Losne, 1/2 lieue.
Beauvais, 1 lieue (giste).

La carte des Postes de 1738 indique une variante : Saint-Denys, Escouen, Beaumont, Neuilly-en Thelle, Beauvais.

La Commission de la carte des Gaules ne fournit aucune donnée sur cette route ; mais elle en indique une entre Beauvais et Senlis comme il suit : en trait plein, c'est-à-dire avec certitude, entre Beauvais et Therdonne ; de là à Senlis, en ligne pointillée, par Bailleu-sur-Thérain, Hermes, Saint-Félix, Rousseloy, Nogent-les-Vierges, Creil identifié avec *Litanobriga*, et la route nationale actuelle de ce dernier point à Senlis.

Cette voie romaine entre Beauvais et Senlis, que M. Jollois mentionne d'ailleurs dans son Mémoire déjà cité, est établie comme il suit, entre Amiens et Soissons, dans l'Itinéraire d'Antonin :

A Samarobriva (Amiens) Suessonas (Soissons) usque.
M. P. LXXXIX.

A Samarobriva.
Curmiliaca (Cormeilles) XII.
Cœsaromago (Beauvais) XIII.
Litanobriga (Creil.) XVIII.
Augustomagus (Senlis) IIII.
Suessonas (Soissons) XXII.

Un embranchement partant de Senlis se rendait à Troyes (*Augustobona*) par Meaux (*Iatinum*). Il est tracé en ligne pleine sur la minute de la carte de la Commission des Gaules.

§ IV.

ROUTE DE PARIS A BEAUVAIS PAR PONTOISE
AVEC EMBRANCHEMENT SUR MEULAN.

M. Noël, agent-voyer du canton de Pontoise, signale un chemin ancien, qu'il appelle « chemin de Beauvais », s'embranchant au sortir de Pontoise sur la route nationale n° 15, passant entre Ennery et Génicourt, se dirigeant sur Livilliers, Mézières, Vallangoujard et Méru. Actuellement à l'état de chemin rural, on présume que c'est une ancienne voie romaine; on retrouve sur une partie de son parcours des traces de chaussée en blocage analogue à la construction des chemins romains. Non loin de cette voie, à Ennery, on a découvert en 1820 un tombeau en pierre renfermant un squelette avec quelques restes d'armure, une épée, etc.; on ne sait ce que ces objets sont devenus.

M. Graves, dans sa Notice sur les anciens chemins de l'Oise, indique également un ancien chemin direct de Beauvais à Pontoise dont le tracé inclinerait un peu plus vers l'ouest. Il conjecture que peut-être avant d'arriver à Pontoise cette voie se détournait par Mézières, hameau de Vallangoujard, du côté d'Auvers où M. Gaillard présumait qu'il devait y avoir un passage de l'Oise. « Ce qui nous porte, ajoute-t-il, à considérer cette route comme une voie romaine, c'est en premier lieu la tradition générale de sa haute antiquité : elle passe pour avoir ouvert dans les temps les plus reculés une communication directe entre la Bretagne et la Picardie et même la Belgique; on la dit « l'ouvrage des premiers hommes. » La rectitude de son alignement n'est pas moins digne d'attention ; prise dans son ensemble, elle va presque à vol d'oiseau de Beauvais à Pontoise. Elle sert en outre de limites territoriales entre huit ou dix communes, autre circonstance caractéristique des plus anciens chemins; elle est connue, dans tout le Vexin, sous le nom de chemin de la Reine Blanche. »

Dans un mémoire manuscrit sur Cormeilles en Véxin présenté en 1878 au concours Comartin, M. Georges Veyret trace ainsi qu'il suit la voie de Pontoise à Beauvais : Quittant la voie romaine de Paris à Rouen aussitôt après le passage de l'Oise, le chemin de Beauvais traverse le Pontoise actuel, emprunte le parcours de la route de Dieppe, passe sous les monts de Cormeilles, laisse Grisy à droite, passe à Bréançon, Haravilliers, sur la gauche de Berville et pénètre dans le département de l'Oise entre Henouville et Amblainville. De là il se dirige presque en ligne droite sur Beauvais. Mentionnons en passant que M. G. Veyret croit devoir fixer en un point intermédiaire entre Henouville et Amblainville le *Petromantalum* dont nous avons déjà si souvent parlé. Cette dernière hypothèse a contre elle tous ceux qui se sont occupés de la question, ainsi que le texte de l'Itinéraire et la Table de Peutinger.

L'agent-voyer de Marines, M. Bonnefille père, indique un autre chemin de Beauvais à Rouen qui s'écarterait sensiblement du tracé de MM. Noël et Graves, puisqu'il passerait à Grisy, laissant à gauche Bréançon, le hameau des Rosnels, traversant le territoire de la commune du Heaulme et s'embranchant à peu près à la limite de notre département sur la voie ou « chaussée Brunehaut » de Meulan à Beauvais. Le tracé de ce dernier chemin est indiqué sur la carte du Dépôt de la guerre à partir de Beauvais; dans l'Oise il passe à Frocourt, le Val de l'eau, Auteuil, la Neuville d'Aumont, entre Saint-Crépin et Lormaison, et laisse un peu à droite Villeneuve-le-Roy; il pénètre dans Seine-et-Oise entre Henouville et Amblainville, passe à Berville, Haravilliers, coupe la route de Pontoise à Grisy, arrive dans cette dernière commune, passe à Rémoucheuses au dessous de Cormeilles-en-Véxin et de là à Pontoise en suivant la route de Dieppe.

Non loin de Grisy, un embranchement se détache sur Meulan par Fremécourt, traverse la Viosne à Ws, coupe un peu avant le Bord'hau de Vigny la voie de César de Paris à Rouen, puis avant Vigny la route nationale de Rouen. De ce point jusqu'à Tessancourt ce chemin porte, sur la carte de l'Etat-major le nom de « chaussée Brunehaut »; elle divise Longuesse, Condécourt et Tessancourt et pénètre dans Meulan par la route de Flins à Magny.

Une variante à une partie de ce tracé nous est fournie par l'agent-voyer de Marines: la voie venant de Meulan suivrait une ligne plus directe pour gagner le département de l'Oise; à partir de Vigny, elle irait en droite ligne par Le Perchay, Brignancourt, Chars à main gauche, et Neuilly-Marines après lequel elle entre dans l'Oise; à Santeuil, cette voie traversait la petite rivière de Viosne au moyen d'un gué qui occupait l'emplacement du pont actuel; ce gué était factice et « composé d'un bon nombre de pieux de un mètre cinquante centimètres environ qui y ont été trouvés à un mètre au-dessous du sol; il est reconnu que la vallée de la Viosne est formée d'un sol tourbeux qui s'est élevé progressivement ».

La *Guide des chemins de France*, la carte des Postes de 1738, la carte-minute de la Commission de la géographie des Gaules ne font aucune mention des communications qui précèdent, entre Beauvais et Pontoise ou Meulan.

§ V.

ROUTE PRÉSUMÉE ENTRE PARIS ET ROUEN EN SUIVANT LA SEINE

Une voie antique, autre que celle par *Petromantalum* et *Briva Isarœ* reliait vraisemblablement les provinces maritimes du Nord-Ouest à la capitale des *Parisii*; cette voie plus ancienne, et sans doute d'origine gauloise, suivait le bord de la Seine. De Rouen, elle passait à Caudebec-les-Elbeuf (*Uggade* de l'Itinéraire), à Louviers, Evreux (*Mediolanum*) et descendait à Dreux, capitale des *Durocasses*. A partir de *Mediolanum*, un embranchement se dirigeait, en côtoyant la Seine, vers Paris, par Mantes, Meulan, Poissy et Saint-Germain-en-Laye. Voici les quelques renseignements que nous avons pu recueillir à cet égard.

M. Roussel, agent-voyer du canton de Bonnières, ne donne pas d'indications sur le tracé de la route; mais il signale à Port-Villez, sur le sommet de la côte, au lieudit « les Pointis », près du hameau du Val, l'enceinte d'un camp retranché appelé « camp de César », environné de fossés profonds, d'une assez grande largeur, ayant un développement de trois cents mètres de long. Il y a environ trente ans, on a trouvé dans le même village, près de la route nationale n° 182, des tombeaux, des ossements, des armes antiques; on présume que cette station militaire pouvait être l'un des postes avancés du camp romain de Vernon. Il y avait probablement en cet endroit, sur la Seine, un gué dont ce poste était destiné à défendre le passage; les dragages opérés non loin de là ont mis à jour des restes d'habitations antiques, des armes, des médailles, etc.

En parlant de la voie qui nous occupe, M. Le Prévost dit qu'il y avait certainement une route qui conduisait du territoire des Eburoviques à Lutèce. « Nous supposions, ajoute-t-il, qu'elle se dirigeait vers Mantes par Paci, Chaignolles, La Villeneuve-en-Chevrie et Rosny. MM. Passy et Stabenrath ont constaté l'existence d'une partie de voie romaine un peu moins large qu'elles ne le sont d'ordinaire, mais fort droite, partant de Caillouet pour se diriger à travers Orgeville et devant la ferme de l'Hôpital jusqu'à la descente de Gadancourt où elle se perd... »

De son côté, l'agent-voyer de Bonnières signale une ancienne route appelée **« le vieux chemin de Mantes à Pacy, »** et de là vers

Evreux, qui se rattache à la route nationale n° 13 entre les bornes kilométriques 78 et 77. « Elle se dirige de Pacy sur la Villeneuve-en-Chevrie qu'elle laisse à droite, traverse le hameau des Guinets, commune de Bonnières, va aboutir sur le territoire de Rosny dans le fond de « la Rougeoie » (la rouge-voie?) et de là tend presque en ligne droite sur Mantes. » Dans l'enceinte du parc de Rosny ont été trouvés des vases funéraires et des médailles romaines.

De Mantes, cet ancien chemin longeait la Seine en suivant à peu près la route nationale, laissant Mantes-la-Ville à droite, passant à Mézières, à Epône — qui, d'après les nombreuses antiquités et les mégalithes qu'on y a découverts devait être, aux temps primitifs, un centre renommé, — à Flins, dont le nom latin *Fines* indique également une origine fort ancienne et probablement une des limites du pays des Carnutes ; il arrivait ensuite par les Mureaux, où l'on a découvert des pilotis, des murs antiques et des sépultures, à Meulan, dont la citadelle gallo-romaine de « *Locenyus* » a, d'après M. Réaux donné son nom à l'ancien Meulan où l'on a également mis au jour des antiquités de toute nature et un beau buste de Cérès.

A Meulan, la voie franchissait sans doute la Seine et, passant sur la rive droite, traversait les territoires d'Evecquemont, Vaux, Triel qui a enrichi le musée municipal de Versailles d'armes et d'objets de l'époque romaine, et de là coupait directement en diagonale l'un des coudes que forme le fleuve pour arriver à Poissy. M. Noel, dans son Histoire de cette dernière commune, donne le détail des antiquités qui y ont été fréquemment découvertes ; il nous apprend de plus que dans la « rue de la Géole, » on a retrouvé les traces d'une voie romaine se rattachant à la route dite « de 40 Sous. » On aurait, suivant le même archéologue, constaté l'existence des substructions d'un pont gallo-romain ; ce pont était défendu par une sorte de fort central.

Toute cette contrée est d'ailleurs remplie de souvenirs de l'époque romaine. En face de Triel, à Andrésy se trouvait la station d'une flotte mentionnée dans la « Notice des Gaules : » *Præfectus classis Anderitianorum Parisiis*. — Non loin de là se remarquent encore de très beaux restes d'une tour que l'on attribue généralement au IXe siècle, mais que le caractère de sa construction permet de faire remonter à la période gallo-romaine.

M. Guégan nous a fait connaître que, de concert avec M. Dumé, il a reconnu une voie (qui serait le prolongement de la précédente), partant de Bougival, où était autrefois la pêcherie de Charles-Martel appelée « Charlevanne, » et suivant la Seine jusqu'à Port-Marly, passant de là sur la route neuve de Versailles à Saint-Germain près du rû de Buzot ; elle se perd dans la ville non loin de la rue de Pologne. On en retrouve les traces dans le cimetière, puis elle se dirige par la forêt vers l'Etoile-de-Saint-Léger, passe à l'Etoile-de-Réaumont, suit la petite Route des Dames, traverse l'Etoile-du-Gros-Chêne, celle de Laye et descend à Migneaux où on la perd de nouveau.

Avant Bougival, cette route arrivait sans doute de Paris par Rueil, Nanterre, localité fort ancienne, par Neuilly et le Roule. Telle est, à quelque différence près, la route de Paris à Saint-Germain tracée dans « La Guide des Chemins de France » :

    Le Roolle, 1/4 de lieue.
    Le Pont-de-Nully, 1 lieue 1/2.
    Le Port (bac) de Chatoul, 2 lieues.
    Le Port au Pecq, 1 lieue.
    Saint-Germain, 1/4 de lieue.

La carte des Postes de 1738 donne l'itinéraire suivant entre Paris et Vernon (puis Louviers et Rouen) : Neuilly, Chatou, Le Pecq, Saint-Germain, passe la Seine à Poissy, Triel, Meulan, Limay, passe la Seine à Mantes, Bonnières, Vernon, etc.

AUTRE ROUTE DE ROUEN A PARIS PAR LES ANDELYS.

« Nous pensons, dit encore M. Le Prévost, qu'il pouvait exister une autre communication de *Rotomagus* avec Lutèce par le Pont Saint-Esprit, Heuqueville, Les Andelys, Gasny (*Vadiniacum*), la Roche-Guyon et Meulan (de la Roche-Guyon à Meulan par Haute-Isle, Vétheuil, Saint-Cyr-en-Arthies, Drocourt, Oinville et Hardricourt). Peut-être cette voie allait-elle se joindre à celle de *Petromantalum* à *Briva Isarœ* par Cergy, où l'on voit une chaussée très apparente (de La Roche-Guyon à *Petromantalum* par Chaussy, Omerville et Saint-Gervais). C'est cette direction, par Gasny, que paraît avoir prise saint Nicaise en cherchant à se rendre à Rouen pour y porter le christianisme. M. Em. Gaillard a eu connaissance de la découverte d'un encaissement de voie romaine sur l'emplacement de la prison du Petit-Andelys. »

La Commission de la carte des Gaules n'a porté sur la minute de la carte gallo-romaine aucune indication sur cette route non plus que sur la précédente.

§ VI.

COMMUNICATIONS ENTRE BEAUVAIS, DREUX ET CHARTRES PAR MAGNY, MANTES, HOUDAN.

D'après les informations qui nous ont été obligeamment communiquées par M. Potiquet, le chemin venant de Beauvais et connu sous le nom de « Vieux-Chemin de Beauvais à Mantes », après avoir passé au pied du Mont Javoult, où était un camp ou poste militaire, venait couper à Saint-Gervais (*Petromantalum*) la grande voie romaine de *Lutetia* à *Rotomagus*. Cette voie secondaire est marquée en ligne rouge ponctuée sur la minute de la carte de la Commission des Gaules.

De ce point, au dire de M. Pezet, agent-voyer du canton de Magny, la voie de Beauvais, remontant un peu du côté de Paris jusqu'à Arthieul, passait à Banthelu (dont le nom a comme une saveur antique) et à Arthies, centre ou chef-lieu d'un *pagus* ancien dont on retrouve les traces dans les noms des villages voisins, Villers-en-Arthie, Saint-Cyr-en-Arthie, Arthieul, etc.; la route traverse ensuite les territoires d'Aincourt, de Drocourt, en suivant un chemin qui, du temps même de Cassini, avait presque entièrement disparu, et arrive en ligne droite à Mantes par Fontenay-Saint-Père et Limay. De nombreuses découvertes de produits des arts ou de l'industrie antique ont été faites le long de cette voie, notamment à Arthieul, Arthies, Maudétour; le nom même de cette dernière commune vient à l'appui de ce tracé : il indique un passage, probablement temporaire, plus mauvais ou plus dangereux que la route par Arthies.

Le même agent-voyer indique une autre voie ancienne qui porte encore, entre Vétheuil et Chérence, le nom de « Chemin des Pavés ». C'est, je présume, la voie signalée par M. Cassan comme allant de Beauvais à Evreux par Chaussy, commune dont le nom est caractéristique, et Jeufosse. Cette voie (et non la précédente), couperait à Saint-Gervais le grand chemin de Lutèce à Rouen. Elle passerait à Archemont (Arcis-Mons, encore un poste militaire), à Omerville, Chaussy, La Roche-Guyon, allant rejoindre la route de Paris à Evreux par Vernon soit à Jeufosse, soit à

Port-Villez dont les hauteurs étaient, nous l'avons dit précédemment, couronnées par une station retranchée.

M. Labiche, agent-voyer de Mantes, dit avoir découvert, il y a déjà plusieurs années, en faisant les fondations d'un aqueduc, au lieu dit « le Pressoir des champs », sur la commune de Guerville et non loin du champtier de « la Haute-Borne » au territoire de Mantes-la-Ville, une chaussée pavée de 5 mètres de largeur environ, recouverte de 1 mètre à 1 mètre 30 cent. de terre. Il en a fait extraire une certaine quantité de pavés qu'il a utilisés sur le chemin d'intérêt commun n° 49. Cette voie se dirigeait vers la Seine ; il paraît que, suivant la tradition, elle était connue sous le nom de « Route au Sel », venant de Montfort ; mais on n'a pu recueillir aucun renseignement précis à ce sujet.

Il a en outre déclaré qu'il avait connaissance des deux voies traversant son canton, l'une d'Evreux sur Paris en suivant la rive gauche de la Seine, l'autre de Beauvais à Chartres par Mantes ; nous reprenons cette dernière à sa sortie de Mantes.

Elle se dirigeait vers Houdan en suivant la rive gauche de la rivière de Vaucouleurs, passait à Mantes-la-Ville, à Vert, au Bas-Rosay, au Haut-Courgent, laissait Septeuil un peu à gauche, traversait les territoires de Mulcent, qu'il faudrait écrire « Murcent » (*Muris cinctum*, *Morcincto* au ixe siècle), d'Orvilliers, de Gressey et directement jusqu'à Houdan. C'est à peu près le tracé marqué, comme nous l'avons dit plus haut (page 37), sur la carte de la Commission des Gaules entre Houdan et Mantes.

M. Marquet, ancien maire de Septeuil, a bien voulu nous faire parvenir, relativement au passage de la voie dans les environs de Septeuil, une note détaillée dont nous extrayons ce qui suit :

Le chemin dit « ancien chemin de Mantes à Houdan », qui passe à proximité du territoire de Septeuil, a toujours été connu pour une ancienne voie romaine. Il traverse le champtier dit « les Guyots », et la tradition, ainsi que les nombreuses découvertes d'objets antiques et de médailles, faites en cet endroit, démontrent qu'une importante colonie romaine y exista au moins jusqu'après Gallien. Des ruines d'habitations s'y rencontrent sur les deux côtés de l'ancienne voie, et au milieu des décombres des maisons incendiées, on voit des morceaux de tuiles et de poteries romaines, accompagnés de médailles ou monnaies aux effigies de Trajan, Hadrien, Antonin, Vérus, Marc-Aurèle, Commode, Sabine, Faustine, mère et fille, Lucine, Crispine, etc. En 1869 on y a découvert une statuette en bronze représentant un guerrier coiffé d'un casque; il y a plus de quarante ans, on a rencontré un cimetière d'où l'on a extrait douze à quinze tombes en pierre, qui contenaient des débris d'armures, de petites fioles en verre mince, des poteries, etc. On a aussi trouvé à Septeuil un certain nombre de couteaux ou de haches en silex. M. Marquet en possède quelques-unes, ainsi que de nombreuses médailles; la statuette en bronze a été vendue à Paris.

Nous inclinons à penser que la ligne directe de ce chemin s'arrêtait à Houdan ; là elle rencontrait le chemin de Paris à Dreux par *Diodurum*; peut-être y avait-il un chemin le long de la vallée de la Vesgre qui, par Maulette, Gambais, Bourdonné, Condé-sur-Vesgre, allait à Saint-Léger-en-Yveline où elle s'embranchait, au Nord, sur les routes de Meulan et de Poissy et au Sud sur les chemins de Chartres par Epernon, et d'Orléans par Rambouillet et Ablis.

« La Guide des chemins de France, » ni la carte des Postes de 1738, ne fournissent aucun renseignement relativement à la ligne que nous venons d'étudier dans ce paragraphe.

§ VII.

ROUTES DE POISSY OU MEULAN A CHARTRES ET A ORLÉANS.

Suivant M. de Dion, une voie ancienne se dirigeait de Poissy sur Chartres, coupant à *Diodurum*, ou non loin de cette station, la voie indiquée par l'Itinéraire d'Antonin entre Paris et Dreux.

M. Gautier, agent-voyer du canton de Poissy, estime que l'on a rencontré des traces de la voie de Poissy à Orléans lors de l'exécution des travaux de chaussée dans la rue du Pénitencier et dans la propriété Courant. On a d'ailleurs fréquemment trouvé à Poissy, dans le lit de la Seine et aux abords du pont, qui remonte à une époque très reculée, des objets antiques dont plusieurs sont au musée de Saint-Germain.

L'agent-voyer du canton de Marly ne fournit aucun renseignement quant à la traversée de ce canton. M. de Dion hésite entre deux tracés, l'un dans la direction de Saint-Léger-en-Yveline, l'autre dans la direction de Rambouillet. Nous allons les examiner successivement.

1.

TRACÉ PAR SAINT-LÉGER-EN-YVELINE.

La voie, au sortir de Poissy, et après avoir quitté la Maladrerie de Poissy, sert de limites à Orgeval, Chambourcy, Aigremont, passe au-dessous de Sainte-Jamme dont l'altitude est de 178 mètres et où l'on construit un fort pour la défense de Paris ; elle divise Feucherolles, Davron et Chavenay, traverse le rû de Gally non loin de Grignon, passe à Neauphle ou plutôt à Villiers-Saint-Frédéric, où elle rencontre et coupe la voie romaine de Paris à Dreux par *Diodurum* ; elle traverse le ruisseau de Chennevières au moyen du Pont-Chartrain et arrive à la ferme de Ite (*Iter*), où elle est couverte par le chemin n° 23, jusqu'à Basoches. « Très reconnaissable au passage du ruisseau des Mesnuls sur une partie qui ne sert plus aux voitures, elle disparaît au-delà, mais pour reparaître en chaussée sur plus d'un kilomètre dans la plaine entre Montfort et les Mesnuls. Le fait qu'elle laisse Montfort très à droite est une preuve certaine qu'elle est antérieure à l'époque féodale. Sa largeur et sa composition paraissent semblables à celles de la portion entre Jouars et Ite. A environ sept kilomètres de cette dernière localité et à l'entrée de la forêt, se rencontre le hameau de La Millière, dont le nom fait penser à une borne itinéraire. Dans la forêt, la voie se dirige, toujours en ligne droite, sur le Poteau de Hollande et de là descend à Saint-Léger. Un acte de 1250 la mentionne comme limite entre les Châtellenies de Montfort et de Saint-Léger et lui donne le nom de « chemin perré. »

Saint-Léger, chef-lieu de l'Yveline sous les premiers Capétiens, paraît, d'après sa position sur une voie romaine et de nombreuses découvertes d'antiquités, avoir été habité dès l'époque la plus reculée ; la présence, sur son territoire, de l'un des monuments mégalithiques les plus importants de Seine-et-Oise, le dolmen de « la Pierre Ardroue, » vient confirmer cette hypothèse.

Quant à la forêt Yveline, elle s'étendait sur le Parisis, le Pincerais, le pays de Madrie, l'Etampois et le pays Chartrain. Elle comprenait dans son vaste périmètre à peu près tous les bois situés d'un côté entre Versailles et Nogent-le-Roi et de l'autre entre Houdan et Dourdan. M. Moutié, Notice sur Saint-

Léger-en-Yveline.) Cette forêt s'appelait, en latin du Moyen-Age, *Sylva Æquilina* ou *Equilina*. Nous ne serions pas éloigné de retrouver la racine de ce nom dans le mot *Equus*, et cette étymologie pourra paraître assez vraisemblable si l'on songe que l'on élevait des chevaux dans toutes les parties de la forêt Yveline dès les premiers siècles de la féodalité et probablement même à une époque bien antérieure. Les haras de Saint-Léger étaient encore renommés au xviii° siècle, ainsi que le constate une « Description de la généralité de Paris, » imprimée en 1710.

M. de Dion fait ensuite descendre la voie de Poissy à Saint-Léger vers Chartres dans la direction de Poigny, Epernon et Maintenon ; mais il n'a pu s'assurer du tracé exact de ce chemin ; M. Puis, agent-voyer du canton de Rambouillet, est plus affirmatif : à son avis, la voie, ayant quitté Saint-Léger, traverserait le bois dit « taillis d'Epernon, » laisserait Poigny à gauche, franchirait le rû de Poigny au lieu dit « Guiperreux » (le Gué des pierres), passerait au Hameau de l'Orme, à Hermeray, et pénétrerait dans Eure-et-Loir un peu à gauche d'Epernon. « Les anciens du pays d'Hermeray et des environs donnent à ce chemin la qualification de voie romaine. » Dans son Introduction au « Cartulaire de Saint-Père de Chartres, » M. Guérard rappelle que « dans un diplôme de Charlemagne de l'an 774, il est fait mention d'une partie de voie romaine qui conduisait à *Vetus Monasterium* (probablement la commune de Vieille-Eglise), le long des limites du Parisis, et d'un autre qui passait à Hermeray sur les confins du pays de Chartres. »

M. de Dion n'indique point de communication directe entre Saint-Léger et Rambouillet, et en effet cette dernière ville paraît être d'origine relativement moderne ; cependant, comme nous allons le voir dans un instant, une voie ancienne, de Poissy à Orléans, passait vraisemblablement à peu de distance à gauche de Rambouillet et si la localité qui porte aujourd'hui le nom de Saint-Léger avait réellement, dès l'époque romaine, l'importance qu'on lui attribue, il est permis de conjecturer qu'elle se rattachait, probablement en passant par Les Bréviaires (indice d'une route abrégée), et Le Perray, à la voie qui mettait en communication Orléans avec Poissy.

D'autre part, suivant M. Grosdidier, agent-voyer du canton de Montfort-l'Amaury, de Saint-Léger-en-Yveline partait un chemin allant directement à Meulan par Montfort, passant entre Méré et Galluis-la-Queue, traversant à gauche de Vic (*Vicus*, où l'on a découvert des tombes en pierre, des poteries et des médailles, aujourd'hui au château de Neauphle-le-Vieux appartenant à M. de Mortemart), le hameau de Bardelle, passant non loin d'Auteuil, de Saulx-Marchais, traversant Marcq (ces deux derniers noms synonymes de frontières ou de passage), Andelu où l'on a trouvé un très grand nombre d'instruments en pierre, Maule Bazemont, Flins (*Fines*) où la voie croisait celle de Paris à Rouen sur la rive gauche de la Seine, et de là tendant directement par les Mureaux vers Meulan, d'où elle rejoignait sans doute au nord le chemin dit « de Jules-César » entre Lutèce et *Rotomagus*. Ce chemin est désigné sous le nom de route d'Orléans à Beauvais ; ses traces, dit l'agent-voyer, sont encore parfaitement apparentes en bien des points ; « il est à sa connaissance personnelle qu'en construisant le chemin d'intérêt commun n° 76, entre Boissy-sans-Avoir et Saulx-Marchaix, il a été rencontré sur toute la longueur de ce chemin des traces d'un blocage régulier en grosses pierres plates ; on a également trouvé des débris de poteries et de ferrailles... Dans les traditions du pays, cette voie ne remonterait qu'à l'occupation de la contrée par les Anglais. »

2.

TRACÉ PAR LES ENVIRONS DE RAMBOUILLET.

Le second tracé indiqué par M. de Dion, mais qui lui semble moins certain, passerait, après avoir quitté Poissy à Chambourcy, à gauche d'Aigremont et de Chavenay, non loin de Saint-Nom-la-Bretèche, à Villepreux, commune fort ancienne et autrefois fortifiée, aux Clayes, à Elancourt où quelques antiquaires placent le *Diodurum* de l'Itinéraire d'Antonin et où subsiste un lieu appelé « les Camps ». M. Elie, agent-voyer de Chevreuse, le fait passer au hameau du Mousseau, annexe d'Elancourt et à la Malmedonne (*Mala domus?*), hameau de Maurepas, dont le nom indique un passage dangereux ou difficile et que défendait un formidable donjon. Malmedonne est une maison isolée à l'intersection de la route nationale n° 10 et du chemin de grande communication n° 13 ; la voie, qui existe encore, paraît-il, en cet endroit, y est connue sous le nom de « Chemin-aux-Bœufs ». A partir de ce point on ne retrouve plus sa trace ; il est probable qu'elle se confond avec la route nationale ; elle passait sans doute, comme la route actuelle avant sa rectification, à Coignières, puis aux Essarts-le-Roi, à Lartoire, laissant à gauche Auffargis ou plutôt Le Fargis où l'on a signalé un ancien camp, et arrivait au Perray et à La Boissière-du-Perray. Le chemin perré ou ferré, qui a donné son nom à ces deux communes, passe pour être l'intersection de l'ancienne voie romaine de Paris à Chartres avec la voie de Poissy à Orléans par Elancourt ; des ruines romaines ont été découvertes sur cette route, au milieu de la forêt, à la Boissière-du-Perray. De là la voie ancienne, passant directement à travers bois, arrivait près de Rambouillet par le hameau de Garnonvilliers.

3.

DES ENVIRONS DE RAMBOUILLET A MÉROUVILLE PAR ABLIS.

M. Puis, agent-voyer de Rambouillet, nous a donné beaucoup de renseignements sur les routes anciennes de ce canton.

Quittant les environs de Rambouillet au hameau de La Louvière, la voie de Poissy à Orléans forme la ligne séparatrice entre les communes de Rambouillet et de Gazeran, suit la limite actuelle de l'arrondissement jusqu'à la fin du territoire d'Orcemont dont le nom a une tournure antique et où existe à 200 m. du village une enceinte romaine, sépare les communes de Craches et de Prunay du vaste territoire d'Ablis et traverse cette dernière localité.

L'agent-voyer du canton de Dourdan-sud, M. Renoux, nous apprend que la voie romaine, à sa sortie d'Ablis, connue sous le nom de « route d'Orléans ou d'Allaines », va à peu près en ligne droite jusqu'au village de ce nom dans Eure-et-Loir et se prolonge jusqu'à Orléans en faisant un coude assez prononcé à Artenay. Aux environs d'Allaines, la carte de l'Etat-major lui donne la qualification de « voie romaine ». Au sortir d'Ablis, elle oblique légèrement à gauche, sépare les territoires d'Ablis puis d'Orsonville de celui de Boinville-le-Gaillard, traverse la commune de Paray-Douaville (autrefois Paré-le-Moineau), passe entre les hameaux de Louainville et de Villiers et entre dans le département d'Eure-et-Loir sur le territoire de Sainville.

De nombreuses antiquités ont été recueillies le long de cette voie et en particulier aux environs de Paray ; un certain nombre d'entre elles sont réunies au château de Douaville appartenant à la famille de notre ancien et éminent préfet M. le marquis de Barthélemy.

L'agent-voyer de Dourdan sud dit encore qu'à l'entrée de ce chemin dans le département limitrophe, on a trouvé des armes et des ustensiles antiques, des poteries ornées de dessins en relief, des médailles, des monnaies romaines que possède un amateur de Rambouillet, M. Moutié probablement. Entre Boinville et Hattonville, c'est-à-dire un peu à droite de la voie, ont été découvertes de nombreuses tombes en pierre sèche rangées de chaque côté du squelette avec d'autres pierres plates par dessus ; dans l'une de ces sépultures, on a recueilli des agrafes, des fibules, un scramasax d'environ 0,8, etc. Aux pieds était placé un plat en terre rouge, deux en terre noire et un autre plus profond, en terre rouge, renfermant une petite cloche en verre d'environ 7 à 8 centimètres à l'intérieur de laquelle adhérait une substance rougeâtre, extrêmement mince, et qui est tombée en poussière aussitôt après son exposition à l'air. Un autre squelette, celui d'une femme, portait au cou un collier de verroteries et à la poitrine une épingle de 0,10 de longueur, conservant encore quelques traces de dorure. « Cet endroit devait être un établissement de potier, eu égard à la grande quantité de débris que l'on y trouve et aux scories qui occupent de grandes surfaces. »

« La Guide des Chemins de France » et la « Carte des Postes » ne font aucune mention des voies que nous venons d'étudier entre Meulan ou Poissy et Orléans. La Commission de la Carte des Gaules a, depuis Ablis seulement jusqu'à Orléans, marqué cette ligne par un trait bleu plein, ce qui permet de considérer comme déterminé d'une manière certaine au moins ce tronçon de route, bien qu'il ne figure ni sur la Table de Peutinger ni dans l'Itinéraire d'Antonin.

§ VIII.

ROUTE DE PARIS A CHARTRES.

N'aurait-il pas été étrange que, dès les temps les plus reculés, il n'eût point existé entre Paris et Chartres une route plus directe que celle passant par *Diodurum* et *Durocasses*? La grandeur passée du chef-lieu des Carnutes, l'importance naissante de la capitale des *Parisii* n'exigeaient-elles pas une voie de communication plus courte que ce long trajet? Nous estimons donc qu'un chemin très ancien a dû relier ces deux cités. Mais ce chemin partait-il directement de Paris ou se rattachait-il par un embranchement à la voie romaine de Paris à Orléans? L'absence de tout document ne nous permet guère de nous prononcer à ce sujet.

En faveur de la première de ces deux suppositions, on peut dire qu'à la sortie de Paris et dans la direction de Chartres on rencontre des localités d'une origine certainement fort reculée, telles que Châtillon, Clamart, Bièvres, Saclay, etc. Passant ensuite à Saint-Aubin et traversant l'Yvette à Gif (*Gitum* au ix° siècle), la voie ancienne pouvait ainsi arriver à Limours, où nous la retrouverons tout à l'heure.

D'autre part, si l'on admet que la route se reliait à celle de Paris à Orléans, on peut supposer ou qu'elle s'y embranchait un peu avant Massy, suivant à peu près dans son parcours le tracé de la route nationale n° 88, ou qu'elle la rejoignait non loin d'Arpajon, primitivement dénommé Châtres (*Castra*).

La route nationale 88 paraît s'être greffée sur un chemin plus ancien indiqué sur la carte de Cassini et les cartes routières antérieures. Nous ne donnons d'ailleurs que sous toutes réserves et sauf découvertes utérieures les indications qui vont suivre :

La route de Paris à Chartres venait vraisemblablement, dans cette hypothèse, se rattacher à la voie romaine de Paris à Orléans, un peu au-dessous de la rivière de Bièvre, sur le territoire de la commune de Massy dont le nom latin, d'après M. Cocheris, serait Maci-Acum (Matthei-Acum), mais qu'il conviendrait peut-être de faire dériver du mot *Mansio*, l'*n* étant tombée, ce qui alors signifierait non « le domaine ou la maison de Mathieu, » mais un endroit où l'on s'arrête sur une route soit pour se reposer, soit ce qui serait ici le cas, pour prendre une autre direction. La voie, suivant la vallée de l'Yvette jusqu'à Gometz-le-Châtel, se dirigerait vers Palaiseau, localité d'une origine fort reculée, où les premiers rois avaient une résidence, *Palatiolum*, et où ils ont battu monnaie ainsi que le constatent des pièces portant pour légende PALACIOLO, PALACEOLO. Sur le territoire de la même commune, au hameau de Lozère ou l'Ozerre dont le nom, suivant M. Cocheris, viendrait de *Oratorium*, la construction du chemin de fer de Paris à Limours, en 1853, aurait, au dire de M. Alexandre Sayde, agent-voyer du canton, fait découvrir, un peu à l'ouest du chemin actuel, le passage de la voie antique. Les fouilles opérées à cette époque ont mis à jour des objets anciens, armes, monnaies, etc., recueillis par M. Jomard, de l'Institut, qui habitait alors ce hameau et les a donnés au musée national de Saint-Germain.

C'est entre le hameau de Lozerre et Orsay que la voie franchissait sans doute la petite rivière de l'Yvette ; Orsay portait au IX° siècle le nom de *Orceacum, Orceyum*, dans lequel M. Cocheris reconnaît le radical *Urticetum*, lieu fertile en orties ; elle tendait ensuite vers Bures dont le nom viendrait, paraît-il, de l'ancien haut-allemand *Bur*, maison, cabane. Elle passait à Gometz-le-Chatel et Gometz-la-Ville, toutes deux autrefois protégées par une enceinte fortifiée, et arrivait sur le territoire de Limours dont elle laissait un peu à gauche les habitations. M. Gateau, agent-voyer de Limours, croit qu'elle franchissait sur un gué le rû de Predecelle, au hameau de Chaumusson. Limours est, du reste, une petite ville ancienne, déjà connue au VII° siècle ; son nom vient peut-être de *limes*, limite entre les Parisii et les Carnutes ; elle est située en effet à peu près aux confins du territoire de ces deux peuplades gauloises.

De ce point, la voie, selon toute apparence, se dirigeait en coupant l'immense forêt Yveline, vers Bonnelles, traversait au Bourgneuf le ruisseau très encaissé de la Celle et arrivait à Rochefort que M. Guyot, dans son « Histoire de Dourdan », considère comme un oppidum gaulois. Toujours est-il qu'à deux kilomètres de là, vers Rambouillet, de nombreuses buttes en terre semblent être des *Tumuli* non encore explorés ; on y a trouvé diverses antiquités et, entre autres, un beau poignard en bronze.

La voie passait ensuite à Saint-Arnoult-en-Yveline, ville d'étape, de relais, encore fortifiée au XV° siècle ; de Rochefort ou de Saint-Arnoult elle dirigeait un embranchement sur Dourdan, auquel nous allons bientôt revenir.

Reprenant notre chemin vers Chartres, nous rencontrons un peu sur la gauche Pont-Hévrard (*Pons Ebrardi* en 1162) et, par une ligne directe, nous arrivons à Ablis où nous croisons la voie de Poissy à Chartres par Elancourt ou *Diodurum* et Rambouillet (voir page 67). Entre Saint-Arnoult et Ablis, à la ferme des Chastelliers (*Castella*), on a trouvé les restes d'une station romaine fortifiée et des fragments de mosaïque ; dans les mêmes parages, sur la route nationale actuelle, vis-à-vis la borne kilométrique 54, commence un ruisseau qui a nom « la Haute-Borne », non loin duquel on a découvert des antiquités romaines.

Après avoir traversé Ablis et son territoire, la voie passe dans Eure-et-Loir, franchit la rivière de Voise au gué de Longroi, *Va-*

dum de longâ viâ (1200), traverse la commune de Saint-Chéron-du-Chemin, *Sanctus Karaunus de viâ* (1156) et arrive à Chartres par un faubourg également appelé Saint-Chéron. Une marque d'antiquité de cette voie, au moins dans son parcours dans Eure-et-Loir, c'est qu'elle sert presque constamment de limites entre les diverses communes.

Le tracé de la voie de Paris à Chartres par Dourdan présente également certains caractères de probabilité que nous ne devons pas passer sous silence. Disons tout d'abord que les deux cantons de Dourdan nord et Dourdan sud offrent partout des témoignages irrécusables de l'occupation romaine, que les découvertes d'objets antiques y sont des plus fréquentes, que l'on rencontre presque chaque jour dans ce pays des monnaies, des poteries, des armes, des meules de moulins à bras, des tuiles à rebord, des sépultures des époques les plus reculées, des armes en fer et en bronze, des instruments en pierre taillée ou en pierre polie. Le nom même de Dourdan, radical gaulois *Dur* ou *Dour*, lieu fortifié, est une preuve de son antique origine ; il n'est pas douteux que ce fut un oppidum gaulois, et que les Romains y établirent une station retranchée ; M. de Saulcy nous apprend qu'on y a trouvé des monnaies gauloises ; il y eut un atelier monétaire sous les Mérovingiens ; on connaît des monnaies de cette époque à la légende DORTENCO.

Il est vraisemblable que Dourdan se reliait à Arpajon, autrefois Châtres, par la vallée de l'Orge. Au sortir de cette dernière commune, la voie suivait la rive gauche de la vallée, passait entre Ollainville, Bruyères-le-Châtel, Egly, rejoignait à Breuillet au lieu dit « le pavé », la route actuelle de Dourdan, passait un peu à gauche de Saint-Yon autrefois fortifié et dont une des portes encore subsistante présente les caractères d'une construction romaine, puis à Saint-Chéron, où on a trouvé des vestiges romains, à la Borde, hameau de Sermaise, à Roinville sur la limite du *Pagus Stampensis;* elle arrivait à Dourdan pour de là gagner Ablis par Sainte-Mesme où l'on a découvert les vestiges d'une importante villa gallo-romaine, et par Saint-Martin-de-Brettencourt non loin duquel, sur les collines de Montgarnier et d'Aigremont aurait existé, au dire de M. Guyot, un camp romain. D'Ablis à Chartres, le parcours vient d'être indiqué un peu plus haut. Nous nous bornons à appeler l'attention sur cette persistance du nom de Saint-Chéron donné à trois localités situées à peu de distance l'une de l'autre et sur la même route.

La Commission de la carte des Gaules ne paraît pas avoir encore statué sur les différents parcours que nous venons d'exposer. « La Guide des chemins de France » indique comme il suit la route de Paris à Chartres qui se rapproche sensiblement du tracé par Rochefort, Saint-Arnoult et Ablis :

> Le Bourg-la-Royne, 2 lieues.
> Le Pont-Antony, 1 lieue.
> Massy, 1 lieue.
> Palaiseau, 1 lieue (repue).
> Oursay, 1 lieue.
> Saint-Clair, 2 lieues.
> Chaulmusson, 1 lieue.
> Bonnelles, 2 lieues.
> Rochefort, 1 lieue.
> Saint-Arnoult, 1 lieue (giste).
> Ably, 2 lieues.
> Le gué-de-Lorray, 2 lieues.
> Chartres, 4 lieues (giste).

La carte des Postes de 1738 donne un parcours tout différent par Versailles : Paris, Boulogne, le Pont-de-Sèvres, Versailles, Trappes, Coignières, Le Perray, Rambouillet, Maintenon et Chartres.

§ IX.

ROUTE DE CHARTRES A SENS.

La carte du Dépôt de la Guerre porte, sous la dénomination de « chemin de Saint-Mathurin, ancienne voie romaine », une route allant de Chartres à Sens et passant à l'extrémité sud de notre département.

Cette route vient en ligne presque droite de Chartres à la limite d'Angerville (Seine-et-Oise) par Sours et Boinville ; elle passe au-dessus de Reclainville, au-dessous d'Omerville ; elle coupe un peu avant ce hameau la voie de Poissy à Orléans par Ablis et Ailaines, que nous avons étudiée page 68. Presque partout, dans le département d'Eure-et-Loir, elle sert de limites entre les communes. « D'après le témoignage du savant jurisconsulte Ch. Dumoulin, des pierres milliaires existaient encore entre Chartres et Orléans (par Allaines), au xvɪᵉ siècle : *Vetus iter ab Aureliis Carnotum..... ubi lapides a tempore Romanorum milliaria distinguentes erecti visuntur.....* » (Note de M. Aug. Le Prévost).

La voie qui nous occupe a été l'objet de l'examen attentif de M. Hème, agent-voyer du canton de Méréville, qui, d'accord avec le Dépôt de la Guerre, lui assigne le parcours suivant :

Après avoir quitté Mérouville où on a trouvé une quantité considérable de médailles et d'objets antiques de toute nature, la voie passe quelque peu au-dessus d'Intreville (encore Eure-et-Loir) et pénètre dans Seine-et-Oise au hameau d'Oistreville ou Ouestreville, dont le nom dérive évidemment de Estrée, *strata via*. Elle traverse, à la ferme de Bassonville également dépendance de la commune d'Angerville, la route nationale n° 20, arrive à Saint-Lubin, hameau de Méréville et de là, jusqu'à la rencontre de la Juine, délimite une première fois notre département d'avec celui du Loiret. Elle traverse la Juine en un lieu appelé « La Pierre », indication vraisemblable d'un ancien gué et sépare une seconde fois le Loiret du département de Seine-et-Oise, le long du territoire d'Estouches dont le nom ancien, *Estorciacum*, annonce la proximité d'une voie antique. A la limite d'Estouches, elle coupe la voie romaine de Paris à Orléans par *Salioclita*, que nous avons décrite page 38. Elle se dirige ensuite sur Sermaise (Loiret) et de là, par Malesherbes et Nemours, vers Sens. Le chemin de grande communication n° 18 est établi sur l'emplacement de cette route, dans la partie commune à Estouches et Pannecières (Loiret).

Le même agent-voyer nous apprend qu'entre Intreville et Oistreville, des parties du blocage antique furent démol   il y a environ vingt-cinq ans. « Ce blocage était fait d'une se   ouche de pierres brutes ; deux chaussées existaient, chacun   trois mètres de largeur ; une distance de un mètre les séparai   ur le territoire de Méréville, la route était construite de mêm   çon, avec cette différence que, dans certains endroits, il y avai ieux couches de pierres. Aujourd'hui, cette double voie n'existe plus ; on n'a laissé subsister qu'une seule voie de trois mètres. Comme pour celle de la route romaine de Paris à Orléans, la largeur totale du chemin de Chartres à Sens était de vingt-quatre mètres.

La Commission de la carte des Gaules a marqué le tracé de la voie, entre Chartres et Malesherbes, par un trait bleu plein. Son tracé s'arrête à cette dernière ville. « *La Guide des chemins de France* » et la carte des Postes de 1738 ne portent pas cette route.

§ X.

ROUTE DE PARIS A MELUN ET SENS PAR LA RIVE GAUCHE DE LA SEINE, AVEC EMBRANCHEMENT SUR MILLY ET LA CHAPELLE-LA-REINE.

En l'an 52 avant l'ère chrétienne, pendant que César mettait le siège devant Gergovie, capitale des Arvernes, son lieutenant, Labienus était détaché à *Agedincum*, Sens, pour contenir le Nord de la Gaule prête à se soulever. Labienus jugea nécessaire de prévenir l'attaque, et laissant ses bagages à Sens, à la garde des recrues, il marcha avec quatre légions, environ vingt mille hommes, sur Lutèce où les Parisiens, réunis aux peuplades voisines, s'étaient rangés sous les ordres de Camulogène (Camulo, nom gaulois du dieu Mars)(1), guerrier déjà avancé en âge, mais d'une grande réputation militaire et qui appartenait à la nation des Eburoviques (environs d'Evreux).

Labienus, suivant le chemin qui existait dès cette époque sur la rive gauche de la Seine, parvint sans obstacles jusqu'à un certain marais — *palus perpetua* — dit César, qu'il essaya vainement de franchir, le passage, déjà très difficile par lui-même, ayant été habilement choisi et courageusement défendu par les Gaulois. Force lui fut donc de retourner sur ses pas et de chercher un autre moyen de pénétrer dans le pays des Parisiens.

La situation du marais dont nous venons de parler a excité et excitera lontemps encore, probablement, la sagacité des traducteurs et des commentateurs du texte de César. Deux opinions principales sont en présence : les uns, et parmi eux M. de Saulcy, avancent que ce marais était formé par la rivière de Bièvre, aux abords de Lutèce; les autres, avec M. Jules Quicherat, notre savant maître à l'Ecole des Chartes, estiment qu'on doit le placer à l'embouchure de la rivière d'Orge, qui se jette dans la Seine

---

(1) Inscription sur une stèle du musée de Reims :
MARTI-CAMULO
OB. SALUTEM. TIBERI
CLAVDI. CŒS. CIVES. REM.
TEMPLUM. CONSTITUE
RUNT.

par plusieurs bras, entre Viry-Châtillon, Juvisy et Athis-Mons. Nous nous garderons bien de nous prononcer dans un débat où les plus illustres représentants de l'archéologie sont intervenus sans pouvoir se mettre d'accord ; cependant nous croyons devoir faire remarquer que la Bièvre, à son arrivée à Paris, ne paraît pas avoir jamais formé un marécage, au moins dans les' conditions que lui attribue César et que, du reste, Labienus aurait eu facilement raison de cet obstacle en passant à deux ou trois kilomètres plus haut le ruisseau de la Bièvre ; les marais de l'Orge, au contraire, ou ceux de l'Essonne, si on incline vers cette autre solution, ont une notoriété qui remonte à une époque très reculée ; l'exploitation de la tourbe s'y fait encore actuellement sur une assez large échelle ; d'autre part, on n'a qu'à jeter les yeux sur une carte du département pour reconnaître combien le passage des deux rivières d'Orge ou d'Essonne est rendu périlleux par la nature même des obstacles topographiques qui existent encore aujourd'hui.

Quoi qu'il en soit, le général romain ne s'obstina point à forcer le passage ; il reprit le long de la Seine la route qu'il avait d'abord suivie et remonta jusqu'à Melun, *Melodunum*, où, ayant saisi quelques barques gauloises imprudemment abandonnées, il s'en servit pour passer, au moyen d'un pont de bateaux, sur l'autre rive de la Seine et se dirigea de nouveau sur Lutèce, cette fois par la rive droite du fleuve. Ici encore, des divergences profondes séparent les historiens du premier siège de Paris. Le plus grand nombre se range à cette opinion, que l'armée romaine vint camper vis-à-vis de Lutèce, livrée aux flammes par ses propres habitants ; ce camp devait être dressé aux environs de la place de Grève, Camulogène ayant d'ailleurs posté ses troupes presque en face, sur la rive gauche. Apprenant que les Bellovaques s'apprêtaient à venir au secours de leurs alliés gaulois, Labienus comprit qu'il fallait agir avec rapidité, sous peine de se trouver, en pays ennemi, enfermé entre deux armées ; il use d'un stratagème qui réussit à la faveur d'un violent orage, traverse la Seine au moyen des barques qu'il avait amenées de Melun, tombe sur les Gaulois en un lieu qui ne serait autre que Grenelle ou le Champ-de-Mars actuel, et après avoir taillé en pièces l'armée de Camulogène qui périt vaillamment au plus fort de la mêlée, il reprend pour la seconde fois sa route sur la rive gauche, en amont du fleuve, et retourne à Sens, d'où il se hâte de rejoindre César qui avait grand besoin de son secours.

Ce fait d'armes et ces marches sont trop nettement indiqués par César pour prêter à équivoque ; mais on discute sur l'emplacement du camp des deux armées et sur l'endroit où la bataille fut livrée. M. Quicherat n'admet pas les données qui précèdent : selon lui, Labienus, lors de son retour offensif sur Lutèce, se serait arrêté avant le confluent de la Marne et aurait assis son camp vers les hauteurs de Créteil ; franchissant la Seine un peu en avant de l'endroit où les deux rivières se rencontrent, il aurait attaqué Camulogène à Ivry et terminé la lutte par une victoire sanglante dont Vitry aurait été le théâtre et dont le nom même, *Victoricium*, aurait fait parvenir jusqu'à nous la mémoire de son succès.

Nous en avons dit assez pour démontrer l'existence, à cette époque reculée, d'un chemin sur la rive gauche, en quelque sorte parallèle à celui dont nous avons suivi le parcours sur la rive droite, entre Melun et Paris. Le chemin rive gauche longeait, dans ses nombreux méandres, le cours du fleuve. Il est naturel, en effet, que les *Parisii* et les *Senones*, fixés à proximité d'un cours d'eau considérable, aient, dès les temps les plus anciens, établi sur ses rives ce que nous appellerions aujourd'hui un chemin de halage. Si une route, accessible à une armée en campagne, eût existé sur les hauteurs, Labienus n'eût pas manqué de la préférer à un chemin dont la situation l'exposait à une marche de flanc toujours dangereuse lorsqu'elle est appuyée à une rivière, dans laquelle le corps expéditionnaire court le risque d'être rejeté ; surtout, il eût ainsi évité ce fameux marais qui faillit compromettre ses opérations.

Les découvertes archéologiques dont la partie méridionale de Paris a été, à diverses reprises, le théâtre, ne laissent subsister aucun doute sur l'existence de l'amorce d'une voie antique entre le centre de Lutèce et les rives de la Seine vers Ivry et Vitry. Ces découvertes, les patientes recherches de M. Jollois, et après lui celles de MM. de Guilhermy, Alb. Lenoir et autres, semblent établir positivement que cette voie avait son point de départ au Petit-Pont de la cité ; elle traversait le forum de la rive gauche, non loin du palais des Thermes, passait place Maubert et gagnait la rue Saint-Victor qu'elle suivait dans toute son étendue ; elle longeait le clos des Arènes, adossées au mont *Lucotitius*, aujourd'hui montagne Sainte-Geneviève. Déjà découvertes en partie vers 1832, lors de l'établissement de la halle au vin, les arènes de Lutèce furent de nouveau rencontrées, il y a peu d'années, par le percement de la rue des Ecoles. On doit regretter qu'à ces deux époques on ne se soit pas préoccupé de conserver ce curieux emplacement que recouvrent maintenant des constructions modernes, assurément beaucoup moins intéressantes. Suivant ensuite dans tout son parcours la rue Geoffroy-Saint-Hilaire, la route se dirigeait vers Ivry, Vitry et Choisy-le-Roy, où M. A. Roujoux a trouvé, au lieu dit le Trou-d'Enfer, des sépultures gauloises renfermant des armes en bronze et en fer; elle entrait peu après sur le territoire de Seine-et-Oise, par Villeneuve-le-Roy : dans cette dernière commune se rencontre une place dite « de Pierrelaye » qui pourrait indiquer une ancienne *borne milliaire*; quelques parties de l'église présentent des restes de construction du vIII° siècle. M. l'abbé Barranger croit avoir retrouvé, à Villeneuve-le-Roy, les traces d'un hameau gaulois; dans tous les cas, on y a découvert de très nombreuses antiquités des époques primitives; aussi cet antiquaire, et après lui M. Pinard, auteur d'une « *Histoire du canton de Longjumeau* », n'hésitent-ils pas à déclarer que la voie de Lutèce à Melodunum passait à Villeneuve. Elle allait ensuite à Ablon et à Athis-Mons; dans un barrage établi sur cette première commune, on a retrouvé des antiquités gallo-romaines, des objets de la pierre polie et de l'âge du bronze; dans la seconde, de nombreuses *mardelles*, ou restes de huttes gauloises, avec des instruments de bronze; puis, suivant les coteaux qui bordent la Seine, la route arrivait à Juvisy, où elle franchissait la rivière d'Orge, probablement sur une pierrée jetée à travers le marais et que les Gaulois auraient rompue pour s'opposer, comme nous l'avons vu, au passage de l'armée romaine.

Juvisy mérite de nous arrêter un instant. De nombreuses antiquités gauloises et romaines ont été mises à jour sur son territoire. Grégoire de Tours nous apprend qu'en 582 le pont établi sur l'Orge séparait le royaume de Chilpéric, qui avait Paris dans son domaine, du royaume de Gontran, roi des Burgundes. Pour M. Quicherat, on y devrait chercher le *Metiosedum* des Commentaires; l'abbé Lebeuf ne paraît pas éloigné d'émettre la même opinion; à son avis, *Metiosedum* ne saurait être Meudon, mais une localité dans les parages de Choisy, Juvisy ou Corbeil; il voudrait lire dans le texte de César *Met-josedum*; la première syllabe ayant été retranchée, il resterait Josedum qui aurait donné son nom au pays de Josed ou Josas qui forma plus tard l'un des doyennés de l'ancien diocèse de Paris.

A Juvisy, aboutissait également une autre route, par les plateaux, plus directe entre Paris et Melun. C'est actuellement la route nationale dite de Paris à Antibes sur la carte de l'ingénieur Donnet (1834). Laissant Gentilly et Arcueil sur la gauche, elle gagne Villejuif, sépare les territoires de l'Hay, Chevilly, Thiais et passe non loin de Rungis dont on connaît les importants établissements gallo-romains. Elle sert de limites au département de la Seine et à celui de Seine-et-Oise, entre Paray et Orly, et pénètre dans ce dernier département au lieudit « la Vieille-Poste ». Elle sépare la commune de Paray de celles de Villeneuve-le-Roy et de Athis (de *Attegia*, *Athegiæ*, en basse latinité, maisons, habitations) et se réunit sur le territoire de Juvisy, non loin du « Pont-des-Belles-Fontaines », à la voie plus ancienne qui suivait le bord de la Seine.

La route par Villejuif a été non pas établie, mais simplement refaite et réparée sous Louis XV, ainsi que le constate cette inscription latine gravée sur le pont qui fut également reconstruit à la même époque :

« LUDOVICUS XV, REX CHRISTIANISSIMUS, VIAM HANC, ANTEA DIFFICILEM, ARDUAM, AC PENE INVIAM, SCISSIS DISJECTISQUE RUPIBUS, EXPLANATO COLLE, PONTE ET AGGERIBUS CONSTRUCTIS, PLANAM, ROTABILEM ET AMOENAM FIERI CURAVIT. 1728. »

Le pont des Belles-Fontaines présente cette particularité que, du haut du parapet, surgissent deux fontaines élégamment sculptées, alimentées par des sources venant des hauteurs voisines ; l'inscription a donc raison de dire qu'on a joint ici l'agréable à l'utile.

De Juvisy, la voie ancienne pouvait, ou côtoyer le bord de la Seine, ou se maintenir à quelque distance sur les hauteurs. Dans tous les cas, elle passait à proximité de Châtillon, où l'on trouve les lieux dits « le grand » et « le petit Chastillon », à Viry, où un fief portait autrefois nom de « la Marche » ou « les Marches » (*marca*, limite ou passage), au hameau de Rouillon, à Evry, au hameau de « Bras-de-Fer » et à Corbeil, ou plutôt à Essonnes, car le Corbeil actuel est de fondation relativement plus moderne. Elle remontait ensuite au « Moulin-Galant », dépendance de Villabé et arrivait dans le département de Seine-et-Marne après avoir formé limites entre les paroisses de Coudray et de Monceau, depuis réunies en une seule commune.

Nous avons donné, page 44, le parcours de la voie romaine de la rive droite, entre Paris, Melun et Sens d'après l'Itinéraire d'Antonin, la Table de Peutinger et la minute de la Commission de la carte des Gaules.

De Paris à Corbeil, « La Guide des chemins de France » indique les deux itinéraires suivants :

Le premier prouverait, au besoin, que la route par Villejuif est bien antérieure au règne de Louis XV.

A Corbueil par terre :

 Villejuive, 1 lieue.
 La Saussaye, 1/4 de lieue.
Le long boyau, plaine fertile comme petite Beausse.
 Justvisy, Jusvisy ou Gévisy, 3 lieues.
Passe la petite rivière d'Orge.
 La borde, le long de l'eau, 1/2 lieue.
 La Briqueterie, 1/2 lieue.
 Corbueil (anciennement Corbolium), 1 lieue (repue).

A Corbueil par eaue :

 Le pont Charenton, 2 lieues.
 Choisy (Bac pour les Corbuillars), 1 lieue.
 Villeneufve-Saint-George, 1 lieue.
 Ablon-sur-Seine, 1/2 lieue.
 Chastillon-sur-Seine, 1 lieue.
 Corbueil, 2 lieues.

La carte des Postes porte la première de ces deux routes.

La Commission de la carte des Gaules ne l'a point, au moins jusqu'ici, admise comme certaine, mais ses minutes indiquent, en bleu plein, une voie romaine de

Milly a la Chapelle-la-Reine (Loiret),

passant ensuite par Larchant, Chevrainvilliers, Chatenoy et allant rejoindre un peu au-dessous de Château-Landon, le chemin dit « de César », qui relie directement Sens à Orléans.

D'après la Commission, le tracé de cette voie, dans Seine-et-Oise, se réduirait à un très court parcours sur la rive droite de la rivière d'Ecole ; il est cependant évident que cette route ne devait point s'arrêter à une localité aussi peu importante que Milly ; elle se rattachait, selon toute apparence, à la route de

Paris à Melun par la rive gauche de la Seine. On a signalé les vestiges d'une voie ancienne, des antiquités romaines et même des monuments mégalithiques à Soisy-sur-Ecole. Ne sommes-nous pas en droit de supposer que le chemin de Milly traversait l'Ecole vers Courances et Dannemois, passait à Soisy, Nainville, Auvernaux et rejoignait la route de Paris à Melun non loin du Plessis-Chenet? Nous devons dire cependant que, sur la carte de Cassini, une ligne ponctuée, indiquant un ancien chemin abandonné, part de Oncy (Seine-et-Oise), passe à Milly, tend vers Courances, traverse l'Ecole à Dannemois, va directement à Champcueil, de là à Chevannes où elle se soude à une route tracée par une ligne plus apparente, passant par Mennecy, Lisses, Courcouronnes et se reliant à la route de Paris un peu avant Ris-Orangis.

Les agents-voyers des cantons de Milly et de Corbeil ne fournissent, à cet égard, aucune information. Il en est de même de la carte des Postes de 1738; mais la route est tracée dans la carte des Postes de 1632 (route de Paris à Lyon) par Villejuive, Juvisy, Essonne, Beauvais, Milly, La Chapelle, etc. Nous trouvons le renseignement suivant dans « la Guide des chemins de France » :

De Paris à Puiseaux.

    Villejuive, 1 lieue.
Le long boyau.
    Justvisy, 3 lieues.
    Ris, 1/2 lieue.
Corbueil à main gauche.
    Essonne, 2 lieues (repue).
    Le Plessis, 1 lieue.
    Les Verneaux, 2 lieues.
    Courance, 2 lieues.
    Milly en Gastinois, 1 lieue (giste).
    Puiseaux, 4 lieues.

§ XI.

COMMUNICATIONS ENTRE PARIS ET MEAUX; — ENTRE CETTE DERNIÈRE VILLE ET SENLIS.

Il est à présumer qu'indépendamment de la communication par

la Marne, une ou plusieurs voies reliaient la capitale des *Parisii* au chef-lieu des *Meldi*, appelé dans la Table de Peutinger *Fixtuinum*, et *Iatinum* dans l'Itinéraire d'Antonin.

Les agents-voyers n'ont pu nous donner aucun renseignement utile; mais nous rencontrons dans le Mémoire de M. Jollois sur les antiquités de Paris, de précieuses indications : « Une des voies secondaires, située sur la rive droite de la Seine, se dirigeait à l'est de Paris, en passant par la barrière de Montreuil et allant gagner peut-être Chelles et la Marne. Un cimetière antique existait sur ses bords entre la rue de la Verrerie, la rue du Mouton, la place de Grève, le marché Saint-Jean et l'église St-Gervais. Sur les bords de cette voie se sont bâties plus tard les rues Saint-Antoine, du faubourg Saint-Antoine et de Montreuil. »

La voie pouvait suivre la direction de la route actuelle de Paris à Meaux et passer par ou près de Pantin, Bondy, Livry, Vaujours, Ville-Parisis, Claye, etc. — ou bien, située plus au sud, quitter Paris par la porte Baudoyer (*Porta Barbarorum*), et passer par Vincennes, Fontenay-sous-Bois, Neuilly-sur-Marne, Gournay-sur-Marne, Chelles, Lagny, etc. Le degré d'importance et d'ancienneté des localités desservies par cette dernière route nous ferait pencher en faveur du second tracé.

« La Guide des chemins de France » mentionne deux routes dans la direction de Meaux :

A Meaulx.

    Pentin, 1 lieue.
    Bondy, 2 lieues.
Hermitage de Livry, abbaye.
    Villeparisy, 1 lieue.
    Claye, 2 lieues (repue).
    Meaulx, 4 lieues (giste).

Autre chemin plus plaisant mais plus long :

    La Pissotte, 1 lieue.
    Gournay, 3 lieues.

Laisse à main droite :

    Laigny, 2 lieues (repue).
    Trillebardou, 3 lieues.
    Meaulx, 2 lieues (giste).

Le premier de ces deux chemins est seul tracé sur la carte des

Postes; il ne l'est pas sur les minutes de la Commission de la carte des Gaules; mais celle-ci indique, par une ligne rouge pleine, une voie de Senlis à Meaux, comprise dans la route de Senlis, *Augustomagus* à Troyes, *Augustobona*, sur la Table de Peutinger qui fixe à 16 lieues la distance entre les deux premières stations. « Carlier (Histoire du Valois) rapporte que de son temps (1764), on n'en connaissait plus la trace et qu'elle côtoyait le Valois..... En exécutant un métré exact entre Meaux et Ermenonville par Monthion, Saint-Pathus, Le Plessis-Belleville, et tirant ensuite à vol d'oiseau d'Ermenonville à Senlis, nous avons obtenu une ligne de 36,600 mètres équivalant aux 16 lieues de l'Itinéraire, avec un faible excédant de 300 mètres. » (Essai sur les voies romaines de l'Oise par M. Graves.)

Ici se termine la tâche que nous nous étions imposée. Puissent les hypothèses que nous avons émises, se changer, par la suite, en certitudes! Puissent les divers tronçons que nous avons dû laisser incomplets se réunir pour former un jour un réseau ininterrompu!

NOTE

Sur l'emplacement de Petromantalum indiqué dans l'Itinéraire d'Antonin, de Lutetia à Rotomagus (de Paris à Rouen)

Par M. Mercier, Membre de la Société des Sciences morales, Lettres et Arts de Seine-et-Oise.

On sait avec quelle précision, et souvent avec quelle exactitude, l'Itinéraire connu sous le nom d'Itinéraire d'Antonin désigne les villes et les stations principales échelonnées sur les grandes voies stratégiques qui unissaient les cités de la Gaule romaine.

La plupart de ces points, mentionnés dans ce précieux document, ont été retrouvés de nos jours : les uns sont devenus des villes populeuses et prospères, les autres sont descendus au rang de villages obscurs ou même de simples hameaux; d'autres enfin, plus maltraités par le temps et par les événements, ne témoignent plus de leur ancienne importance que par les ruines et les vestiges exhumés par l'archéologue.

L'Itinéraire d'Antonin indique, sur la grande voie de Lutetia à Rotomagus *(de Paris à Rouen)*, une station qu'il désigne sous le nom de *Petromantalum*, et qu'il place à un point situé à vingt-huit lieues gauloises ou quarante-deux milles romains de Lutetia, et à trente lieues gauloises ou quarante-cinq milles romains de Rotomagus; soit, en mesures modernes, à soixante-deux kilomètres de Paris et à soixante-six kilomètres de Rouen.

Il semble qu'avec des renseignements aussi précis que ceux que nous recueillons dans l'Itinéraire d'Antonin, l'archéologie doive sans peine retrouver l'emplacement de Petromantalum; cependant, jusqu'à présent, l'incertitude a toujours existé, et les historiens qui ont traité cette question ont émis les opinions les plus diverses.

Aux environs du point assigné pour l'emplacement de Petromantalum, se trouvent aujourd'hui plusieurs bourgs et villages:

Magny-en-Vexin, Estrées, Banthelu et Saint-Gervais ; chacun d'eux revendique l'honneur d'avoir succédé à la station romaine.

Nous allons examiner leurs titres :

Commençons par Magny :

Sa distance à la voie romaine est d'un kilomètre. La fondation de Magny, ainsi que le prouve son nom d'origine normande, et ainsi qu'il résulte de recherches savantes entreprises par plusieurs historiens, ne remonte pas au-delà du vi[e] siècle.

Vient ensuite Estrées :

Estrées a une origine romaine, c'est incontestable ; son nom lui vient précisément de sa situation sur la voie même (Strata) ; mais sa position ne se rapporte nullement aux indications de l'Itinéraire, il s'en faut de deux kilomètres. La fondation d'Estrées est postérieure à la construction de la voie romaine, puisque c'est à cette voie que le hameau a emprunté son nom — faute d'autre assurément — (1).

Passons à Banthelu :

L'origine gauloise de Banthelu est hors de conteste ; nous retrouvons là un de ces noms caractéristiques assez nombreux dans la contrée et qui ont conservé presque sans altération leur forme primitive.

Changez la lettre B en M ou la lettre M en B (ce qu'un défaut de prononciation, ou même un simple embarras nasal suffit à produire), et vous reconnaîtrez qu'il n'y a pas grande différence entre Banthelu et Manthelu.

Si l'on s'en rapportait à cette similitude de nom : *Banthelu*, *Manthelu* (prononcez à la manière romaine, *Manthelou*) et Mantalum, la question serait tranchée et l'emplacement de Petromantalum serait retrouvé.

Mais ici se présente une difficulté.

Le village de Banthelu n'est pas situé sur la voie romaine, il en est éloigné de 4 kilomètres au sud.

L'archéologue, sur ce point, paraîtrait faire fausse route ; cependant on va voir qu'il touche à la solution de la question.

Si nous décomposions le mot Petromantalum, nous y trouvons une partie latine d'origine romaine : *Petro* ; et un nom d'origine gauloise : *Mantalum*.

---

(1) Il est presque inutile de réfuter ici l'erreur qui, sans autre motif qu'une vague assonance, veut reconnaître dans Mantes l'antique Petromantalum. — Mantes-sur-Seine, qui se traduit en latin par *Medunta*, est située à 24 kilomètres au sud de la voie et du point indiqué dans l'Itinéraire d'Antonin.

Nous ne nous occuperons pas ici de l'étymologie du nom Mantalum; ceci intéresse moins notre question, et nous estimons qu'en torturant ce mot et en recherchant les syllabes analogues du vocabulaire celtique, un étymologiste convaincu lui trouverait dix significations différentes parfaitement admissibles et non moins parfaitement authentiques.

Quant à l'étymologie du nom *Petro,* il n'est pas besoin d'être fort latiniste pour la trouver.

Traduisons donc Petromantalum par *Mantalum aux pierres.*

Justement, au point précis indiqué par l'Itinéraire d'Antonin, la voie longe une colline de roches qui expliquent le terme que les Romains ont ajouté au nom de leur station. Or, s'ils ont ajouté ce qualificatif à leur Mantalum, ce devait être pour le distinguer d'un autre point du même nom, situé à peu de distance.

Ce point, c'est notre Banthelu moderne.

Quand les Romains établirent sur toute la Gaule le gigantesque réseau de leurs routes stratégiques, ils paraissaient s'être beaucoup moins préoccupés de desservir les villages peu importants que d'abréger les distances d'une cité à une autre par une rectitude de direction aussi absolue que possible.

D'un autre côté, les villages gaulois étaient plus clairsemés que nos communes actuelles, et leurs territoires étaient, par conséquent, plus étendus ; lorsque la route traversait les parties désertes d'un de ces territoires et que les Romains se trouvaient dans la nécessité d'y élever un *castellum* destiné à surveiller la contrée, ou d'y construire une *station* ou poste servant d'étape, il leur fallait désigner ce point, soit par une appellation absolument latine, soit par un nom tiré de la localité la plus voisine, ou bien de la configuration géologique ou topographique de l'endroit.

De nos jours, quelque chose de semblable a lieu ; lorsque le tracé d'une ligne de chemin de fer fait passer la voie à une distance assez considérable d'un village, et que les besoins du service nécessitent un arrêt, la station ainsi isolée porte le nom de la commune la plus voisine, ou les noms combinés des communes les plus rapprochées.

Des deux Mantalum de l'époque romaine, l'un a conservé son nom presque sans modification : *Banthelu;* l'autre a changé sa dénomination et cache aujourd'hui son origine gallo-romaine sous le nom moderne de *Saint-Gervais.*

La commune de Saint-Gervais que traverse la voie romaine, est située sur le penchant d'une colline rocheuse, de 160 mètres d'altitude ; les massifs de pierres qui bordent la route s'étendent sur une longueur d'environ 300 mètres.

La situation de Saint-Gervais coïncide exactement avec les indications si précises de l'Itinéraire d'Antonin, et la configuration du pays justifie pleinement le surnom que les Romains avaient donné à leur station.

Petromantalum ne fut, en effet, ni une ville, ni un village, mais un simple poste qui n'avait d'importance que comme point stratégique. Les Romains durent y élever un petit sanctuaire consacré à leurs dieux protecteurs des voyageurs ou des soldats ; plus tard, lorsque sous le règne de Constantin, le christianisme devint la religion officielle de l'empire, les temples et les sanctuaires établis dans les villes et dans les campagnes, furent détruits ou transformés en chapelles placées sous le vocable des premiers martyrs chrétiens.

Le culte de Saint-Gervais prit naissance dans le v° siècle, plus de deux cents ans après son martyre. Un grand nombre d'églises nouvelles furent, à cette époque, placées sous son invocation.

La chapelle de Petromantalum, comme il arriva souvent en pareil cas, devint, en raison de sa situation sur la grande route de Paris à Rouen, le centre d'un groupe d'habitations, et la nouvelle circonscription paroissiale fut désignée par l'autorité ecclésiastique sous cette dénomination fort usitée dans les dix premiers siècles pour les localités peu importantes : *Apud sanctum Gervasium*. Le village a conservé jusqu'à nos jours et conserve encore le nom de *Saint-Gervais ;* le vieux nom *gallo-romain* tomba dans l'oubli au moyen-âge avec le souvenir même de ceux qui le lui avaient imposé.

Il serait intéressant, croyons-nous, que des fouilles intelligentes fussent pratiquées dans ce village, surtout dans le voisinage de l'église ; elles mettraient peut-être à jour les substructions du sanctuaire primitif ou celle du *castellum* romain.

Observations de M. EGRET, Conducteur des Ponts-et-Chaussées

Sur les communications de Paris à Dreux, par Diodurum.

Jusqu'à présent la voie romaine de *Dreux à Paris*, indiquée dans l'Itinéraire d'Antonin, n'a pas encore été définie bien rigoureusement.

Le tracé généralement adopté passerait par Issy, Meudon, bois de Meudon, Châville, Versailles, St-Cyr, Trappes, la vallée d'Élancourt, Jouars, où presque tous les archéologues placent la station de *Diodurum*, le Moulin de Laiteré ou Lettré et ensuite la route nationale n° 12, jusqu'à Dreux.

La Commission de la géographie historique de l'ancienne France adopte le tracé ci-dessus entre Paris et Jouars, et de là suit l'ancien chemin de St-Léger dit « Chemin ferré » jusqu'à la voie romaine de Dreux à Chartres.

Je pense que ces deux tracés, dans certaines de leurs parties, ne conviennent pas à la voie romaine en question.

Avant d'indiquer le parcours qui, suivant moi, est plus certain, je vais énumérer quelques anciens chemins situés dans la zone où doit nécessairement se trouver le tracé cherché :

1° Chemin de Paris à Dreux par St-Cloud.

2° Chemin de Paris à Montfort par Trappes.

3° Chemin de Paris à Dreux par les plateaux de Satory et de Bois-d'Arcis.

4° Chemin de Beauvais à Orléans par Poissy, les Clayes, Elancourt.

5° Chemin de Poissy à St-Léger.

6° Chemin d'Ivry à Corbeil par la vallée d'Elancourt et Palaiseau.

1° CHEMIN DE PARIS A DREUX PAR SAINT-CLOUD.

Disons tout d'abord que ce chemin se prolongeait jusqu'à St-Denis en passant par Clichy et St-Ouen.
« La Guide » donne l'itinéraire suivant :

> Nostre-Dame de Boulogne.
> Le pont de St-Cloud, bourg.
> Vaulcresson.
> Val de Galie.
> Villepreux.
> Neauphle-le-Chastel, bourg.
> St-Aulbin.
> La Queue.

Passe le boys de la Queue, dangereux passage, etc., le reste de l'itinéraire suit la route nationale.

Cette voie est très peu sinueuse ; elle est désignée sur des actes du moyen-âge et portait autrefois et même encore sous Louis XIV, le nom de « Vieille route de Bretagne » ; elle passait dans le grand parc de Versailles au village de Voluceau démoli sous Louis XIV, à Pontaly (« la butte de Paris »), à Rennemoulin, la Porte de Paris, Villepreux, etc. ; la route départementale n° 38 et la route nationale n° 12.

Quelques auteurs placent la station de *Diodurum* à Villepreux et considèrent ce chemin comme étant l'ancienne voie romaine de l'Itinéraire.

Il semblerait même que la Commission avait adopté primitivement ce tracé en plaçant la station de *Diodurum* à Neauphle-le-Château.

2° CHEMIN DE PARIS A MONTFORT PAR TRAPPES.

Ce chemin passait par Issy, Meudon, bois de Meudon (étoile du pavé), Châville, près d'Ursines ou Loursines, aujourd'hui détruit.
« La Guide » l'indique comme il suit :

> Versailles.
> Normandie, maison (ferme).
> La ferme de Mauconseil.
> La Maladrerie de Trappes (les 4 pavés). Passage dangereux.

Trappes, bourg.
Elancourt.
Arrégal.
Chambor, ferme et chapelle (détruits).
Les Monceaulx.
Bazoches.
Montfort.

Ce tracé est exactement indiqué par la Commission de la carte des Gaules. Il était désigné au xiv° siècle comme « grand chemin de Normandie et de Bretagne », ou « grand chemin de Paris à Montfort et en Normandie ». Michel Letellier obtint du roi en 1658 l'autorisation de le supprimer dans son parc de Châville. Mais primitivement il ne passait pas par Versailles, l'ancienne direction indiquée sur les plans du géomètre Matis, lors des acquisitions de Louis XIV pour agrandir le parc de Versailles, partait de Viroflay, passait à Porchefontaine, remontait un peu sur la gauche (rue de la Patte-d'Oie), longeait la clôture du parc aux Cerfs, passait au hameau de Satory (détruit sous Louis XIV), un peu au-dessus de Choisy-aux-Bœufs (village du diocèse de Chartres également détruit sous Louis XIV), coupait en diagonale l'étang du Bois-Robert et une partie de celui de St-Quentin, suivant la limite des communes.

Le tronçon de ce chemin entre l'étang du Bois-Robert et la vallée de la Mauldre ne peut guère convenir à une voie romaine, elle est fort sinueuse et présente des passages difficiles ; de plus la vallée du rû d'Elancourt est très étroite et une voie romaine dans ces conditions serait, je crois, une exception.

Il est vrai que Trappes, dans de actes du moyen-âge, est déjà considéré comme bourg, que les premiers rois de la 3° race y avaient un gîte, ce qui prouve que ce village était situé sur un grand chemin. Mais ce grand chemin, cause du droit de gîte prélevé au profit du roi, suivait à peu près le tracé actuel de la route nationale n° 10, sauf une légère inclinaison vers les fermes de la Boissière, et de la petite Ville-Dieu jusqu'à sa rencontre avec la voie de Beauvais à Orléans un peu avant le lieu dit le Gibet ; aux Broderies, il obliquait à droite dans la direction de St-Léger. Le vieux chemin ferré, de la Maison-Blanche à Saint-Léger, existe encore dans quelques parties.

Ainsi, selon moi, Trappes se trouvait à l'intersection de deux anciens chemins, peut-être gaulois, peut-être romains ou même mérovingiens, se dirigeant vers le vaste domaine de l'Yveline.

3º CHEMIN DE PARIS A DREUX PAR SATORY ET NEAUPHLE.

Je reprends le tracé précédent sur le plateau de Satory et je suis un ancien chemin passant un peu au-dessus de Choisy-aux-Bœufs, hameau de Petite-Normandie (aujourd'hui détruit) et presque parallèle à la crête du plateau de Bois-d'Arcis ; je rencontre ainsi sur la hauteur des Clayes le chemin de Beauvais à Orléans ; c'est là précisément que semble aboutir le « chemin ferré de Poissy à St-Léger », grand chemin de Pontchartrain à la Chaîne et aux Gatines. Ensuite, la route passait à la Chaîne, à Neauphle et se confondait avec la route nationale nº 12.

J'arrive ainsi à un point de rencontre de trois anciens grands chemins, à peu de distance desquels existent des sources, et sur la crête d'un plateau renfermant des traces nombreuses de l'âge de la pierre, du bronze et de la période romaine.

Maintenant, si l'on place sur ce point, un peu au-dessus de la Brétéchelle, la station de l'Itinéraire d'Antonin,

on a, de *Durocasses* à *Diodurum* XXII l.

Lutécium XV l.

ces distances concordant parfaitement, en suivant le tracé indiqué ci-dessus, que je considère comme étant le plus certain.

En prenant la rencontre des chemins 4 et 5 avec le nº 1, on obtient un point, entre les Ebisoires et Villepreux, qui concorde avec les distances de l'Itinéraire d'Antonin ; les partisans de Villepreux pour la station romaine ne sont pas loin de la vérité.

4º CHEMIN DE BEAUVAIS A ORLÉANS.

Le tracé de ce chemin existe encore dans presque toute son étendue, par Grisy, Triel, Poissy, Chavenay, les Clayes, Elancourt, Coignières, les Essarts, le Perray, Pierrefitte, Ablis.

Dans un diplôme de 774 ce chemin, dans la partie de l'Yveline, est désigné « le chemin perré ». (M. Moutié, cartulaire de Notre-Dame de la Roche, p. 268.)

5º CHEMIN DE POISSY A SAINT-LÉGER PAR LES CLAYES.

Ce chemin appelé « chemin ferré », dont je ne connais du reste le parcours que dans le département de Seine-et-Oise, est encore assez bien conservé sur le territoire de la commune de Bazoches ;

j'ai trouvé dans cette partie, une section présentant une largeur de 4 m. 80 à la surface et de 5 m. 10 au niveau du sol; l'empierrement de 0 m. 75 d'épaisseur était formé de gros blocs en fondation, le volume des pierres diminuait progressivement jusqu'à la surface; elles étaient posées sans art et laissaient des vides à l'intérieur remplis par de la terre végétale. Dans toutes les parties apparentes, la chaussée est constamment en surélévation du sol de l'épaisseur du blocage.

Ce chemin traverse Bazoches, Chennevières, le bois Sainte-Appoline, où on l'appelle « le grand chemin »; il passe ensuite à la Chaîne et aux Clayes.

6° CHEMIN D'IVRY A CORBEIL PAR PALAISEAU.

Son tracé est naturellement indiqué par Pacy, la Haute-Borne, Boissets (rencontre de l'ancien chemin de Dreux à Mantes), Richebourg, les 4 Pilliers, Laqueue, moulin de Lettré, le chemin des Normands, la vallée d'Elancourt, Palaiseau, etc.

TABLE

Lettre à M. Dubois, agent-voyer en chef du département de Seine-et-Oise.. V

CHAPITRE Iᵉʳ. — Des peuples gaulois qui habitaient la contrée aujourd'hui comprise dans le département de Seine-et-Oise.. 9

§ I. Anciennes divisions de la Gaule.................. 9
§ II. Tribus gauloises dans le département de Seine-et-Oise... 11
§ III. Aspect général du pays. — Voies gauloises........ 14
§ IV. Les Tables et Itinéraires anciens................. 17

CHAPITRE II. — Voies anciennes dans Seine-et-Oise............ 21

Section Iʳᵉ. — *Voies des Itinéraires ou de la Table de Peutinger*.. 21

§ I. Route de Paris à Rouen et à Beauvais, par Pontoise et Petromantalum..................................... 21
§ II. Embranchement de Petromantalum à Cœsaromagus. 30
§ III. Route de Paris à Dreux, puis à Evreux et à Rouen... 33
    Autre route possible par St-Cloud et Neauphle...... 36
§ IV. Route de Paris à Orléans, et à Autun ou Auxerre.... 38
§ V. Route de Paris à Melun, à Sens et à Auxerre (rive droite).. 44

SECTION II. — *Voies anciennes qui ne figurent ni dans l'Itinéraire d'Antonin, ni sur la Table de Peutinger*........................ 48

§ I. Voie de Paris à Senlis, par Louvre et Gonesse....... 48
§ II. Route de Paris à Boulogne-sur-Mer, par Amiens.... 51
§ III. Route de Paris à Beauvais, par Beaumont............ 54
§ IV. Route de Paris à Beauvais, par Pontoise, avec embranchement sur Meulan...................................... 56
§ V. Route présumée entre Paris et Rouen, en suivant la Seine.. 59
Autre route de Paris à Rouen, par les Andelys....... 61
§ VI. Communications entre Beauvais, Dreux et Chartres, par Magny, Mantes, Houdan.................................. 62
§ VII. Routes de Poissy ou Meulan à Chartres et à Orléans. 64
    1° Tracé par St-Léger-en-Yveline.................. 65
    2° Tracé par les environs de Rambouillet........... 67
    3° Des environs de Rambouillet à Mérouville, par Ablis 68
§ VIII. Route de Paris à Chartres........................ 69
§ IX. Route de Chartres à Sens........................... 73
X. Route de Paris à Melun et Sens, par la rive gauche de la Seine, avec embranchement sur Milly et la Chapelle-la-Reine.. 75
Route de Milly à la Chapelle-la-Reine............... 80
XI. Communications entre Paris et Meaux ; entre cette dernière ville et Senlis................................... 81

Note de M. Mercier sur Petromantalum........................ 84
Observations de M. Egret sur les communications de Paris à Dreux par Diodurum.. 88
Table des matières.. 93

FIN.

VERSAILLES. — IMPRIMERIE CERF ET FILS, 59, RUE DUPLESSIS.

CHEZ LES MÊMES ÉDITEURS

ET CHEZ TOUS LES LIBRAIRES.

Almanach de Versailles.. 1 »
Annuaire de Seine-et-Oise, publié sous les auspices de l'Administration préfectorale et encouragé par le Conseil général.
  Prix : Broché.............. 5 fr.   pour les souscripteurs............. 4 fr. 50
        Relié................. 6 »   5 50
Conseil général de Seine-et-Oise. Rapport du Préfet et de la Commission départementale et Délibérations du Conseil général. — Le prix suivant l'importance du volume.
Recueil des actes administratifs du département de Seine-et-Oise.
  Un an.. 9 fr. »
Dictionnaire des anciens noms des communes du département de Seine-et-Oise. 1 volume, papier vergé, par Hippolyte Cocheris. Prix.... 3 fr. »
Topographie ecclésiastique du département de Seine-et-Oise, 1 volume vergé, avec carte coloriée, par A. Dutilleux, licencié en droit, chef de division à la préfecture de Seine-et-Oise. Prix................... 3 fr. »
Tableau de la guerre des allemands dans le département de Seine-et-Oise (1870-1871), par Gustave Desjardins. 1 volume in-8° avec carte inédite. (Épuisé.)
  Exemplaires sur papier vergé................................ 5 fr. »
Tableau et carte des monuments et objets de l'âge de la pierre dans le département de Seine-et-Oise, par P. Guégan et A. Dutilleux. In-8° vergé avec carte en couleur, tirage à 100 exemplaires........ 3 fr. »
Code de police municipale et départementale, à l'usage du département de Seine-et-Oise, par Pain. Prix............................. 5 fr. »
Inventaire des archives du département de Seine-et-Oise antérieures à 1790, publié par ordre du Conseil général.
  SÉRIE A. — Par feu Sainte-Marie-Mévil et Gustave Desjardins, archivistes du département (Maisons du roi et des princes du sang, etc.), vol. in-4° grand raisin de 45 feuilles... 5 fr.
  SÉRIE E. — (Archives civiles, titres féodaux, titres de famille). Tome I. — Par feu Sainte-Marie-Mévil et Gustave Desjardins, archivistes du département (Articheuille à de Preissac d'Esclignac, nos 1 à 2947). vol. in-4° grand raisin de 56 feuilles.. 20 fr.
  Tome II — Par G. Desjardins, chef du bureau des archives au Ministère de l'Intérieur, et Bertrandy-Lacabane, archiviste du département de Seine-et-Oise, ancien inspecteur général des archives (Prestel à de Waxheim, nos 2918 à 3993), vol. in-4° grand raisin de 44 feuilles....................................... 15 fr.
Lettres intimes de Henri IV, avec une introduction et des notes, par L. Dussieux, professeur honoraire à l'école militaire de Saint-Cyr. Ouvrage orné d'un portrait de Henri IV d'après un tableau du temps conservé au musée de Versailles, gravé à l'eau-forte par Boilvin, et du masque de Henri IV, dessiné par Mme Lacombe et gravé par Amand-Durand, 1 vol. in-8° Prix....... 7 fr. 50
  Exemplaires numérotés sur papier vergé de Hollande........... 12 »
  —   sur papier de Chine............................. 20 »
Le théâtre de Saint-Cyr (1689-1792) d'après des documents inédits, par Achille Taphanel. Un volume in-8°, orné du portrait de Mme de Maintenon, gravé à l'eau-forte par Ch. Waltner, d'après un médaillon inédit et du plan restitué du théâtre, suivi de la liste des demoiselles de Saint-Cyr publiée pour la première fois d'après les documents authentiques. Prix... 7 fr. 50
  100 Exemplaires numérotés sur papier vergé de Hollande........ 12 »
  20   —   sur papier de Chine................. 20 »
Routes et étapes, par Lucien Augé. 1 vol. in-8° sur papier teinté. — 15 eaux-fortes inédites par W.-T. Broame. Prix................................ 20 fr.
  50 Exemplaires sur papier vergé de Hollande avec eaux-fortes avant la lettre. 40 »
La deffence et illustration de la langue françoyse, par Joachim du Bellay, reproduite conformément au texte de l'édition originale avec une introduction, des notes philologiques et littéraires et un glossaire suivis du *Quintil Horatian* de Charles Fontaine, par Em. Person, professeur au Lycée Charlemagne. Prix. 5 fr.
Lois constitutionnelles et organiques concernant les pouvoirs publics et l'élection des sénateurs et des députés, publié par ordre de l'Assemblée nationale. Prix................................... 3 fr.
Carte routière et hydrographique de Seine-et-Oise, par A. Dubois, agent-voyer en chef du département, sur les documents recueillis par le service vicinal.. 8 fr. »
Le département de Seine-et-Oise à l'Exposition universelle de 1878 avec plan colorié de l'Exposition par A. Dutilleux, 1879. Prix........ 2 fr. »

VERSAILLES. — IMPRIMERIE CERF ET FILS, 59, RUE DUPLESSIS.

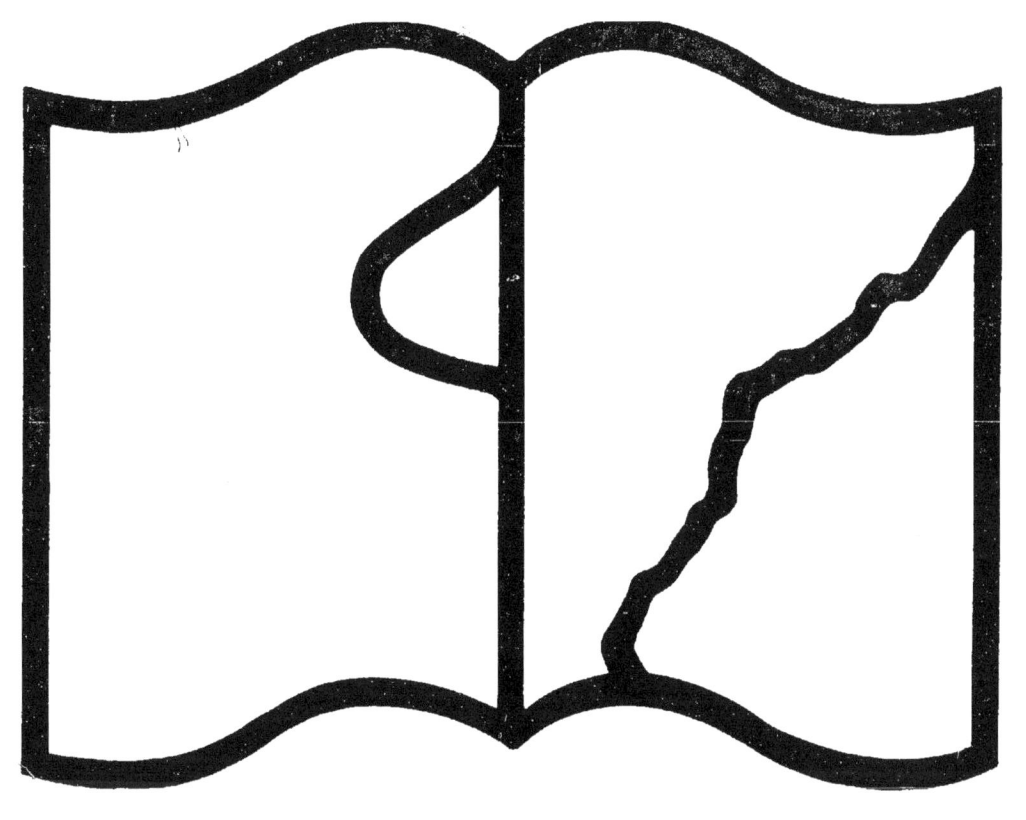

Texte détérioré — reliure défectueuse

NF Z 43-120-11

www.ingramcontent.com/pod-product-compliance
Lightning Source LLC
LaVergne TN
LVHW052103090426
835512LV00035B/954